ROUGE 3

McDOUGAL LITTELL

Discovering FRENCH Nouveau!

Teacher to Teacher

Patricia Deckas Becerra
Robbinsdale-Armstrong High School
Plymouth, Minnesota

ISBN-13: 978-0-618-35293-7   ISBN-10: 0-618-35293-7

8 9 10 0930 12 11

4500339430

Contents

Notes to the Teacher

The activities included in this packet are supplementary to *Discovering French, Nouveau!–Rouge*. Most are designed for active oral practice to camouflage drilling structure and vocabulary. There are three basic types of activities for every unit:

> **Crossword Puzzles**
> **Trouver Celui Qui . . .** activity grids with
> > **Et Maintenant . . .** follow-up activities
> **Jumeaux/Jumelles** activities

CROSSWORD PUZZLES

These have no clues and are made for *paired work*: **Version A** and **Version B** fit together to make a whole, your **Version C**. Their purpose is for circumlocution, since students create the clues to help their partner guess the word.

Example: **C'est une chose pour s'essuyer après un bain**
would be a clue for **serviette**.

When first using these puzzles, you might want to hand them out the day before and tell the students to prepare their word descriptions.
Please note that accents are not used in crossword puzzles (the words are all in capital letters, which do not usually have accents in French).

TROUVER CELUI QUI...

This is a fun and active way to drill structure and vocabulary. Assign students a secret number which corresponds to the grid boxes. Use as many as possible. Students then find out which grid box other students have by asking each other questions. They simply keep asking «**Est-ce que tu... (cherches une glace, as perdu ton peigne,**» etc.), filling in the question with activities from the grid until they determine which grid box belongs to their first person. When they find out, they write the name on the grid and go on to someone else.

You could play this as a game. Set a time limit of ten to fifteen minutes, with prizes or points going to the top two or three people with the most names. To keep students on track, deduct one point (worth one name) any time they speak English.

Variation to save paper: Make a transparency of the grid and give the students a class list where they can write just the appropriate grid number next to the student's name. This list could be used for subsequent lessons. However, the **Et Maintenant . . .** worksheet is dependent on the grid for the students to know the verbs or the vocabulary, so keep the transparency handy.

ET MAINTENANT...

This is a follow-up activity for each of these grids. The students use the names from **Trouver Celui Qui . . .** and refer to that grid to finish the worksheet. Each sheet is somewhat different because of the different grammatical structures of each unit, but the directions on each are self-explanatory.

JUMEAUX/JUMELLES

This is another very active game in which all the students are talking with each other at the same time, but they stay on task pretty well if you have a prize for the first few sets of twins to find each other. Their goal is to find out who their twin is, who has exactly the same list items. They need to keep asking until they have found their **Jumeau** or **Jumelle**.

Tell the students: **Faites le tour de la pièce en demandant (en français!) qui a les mêmes phrases que vous.**

Example: **Tu as «Tu aimes t'amuser»?** etc.

You only need to make one copy of this sheet since you will cut it up so every student gets a different set of five sentences. The **jumeau** on the sheet is directly across from the original, but the sentence order is not the same. There are many repeated sentences, so it takes more questions, therefore more practice, for the students to find their twin. You will probably not use all the pairs in one session. Make sure you do hand out both parts of each pair. If you have an odd number of students you will need to play too!

Discovering French, Nouveau! Rouge

Nom _____

Classe _____ Date _____

Discovering
FRENCH
Nouveau!

R O U G E

Le corps

Unité 1, Partie 1, Version A

You and your partner have different halves of the same puzzle. Without looking at your partner's puzzle, help each other fill in the blanks by giving clues you make up. Don't use the actual word and speak only in French!

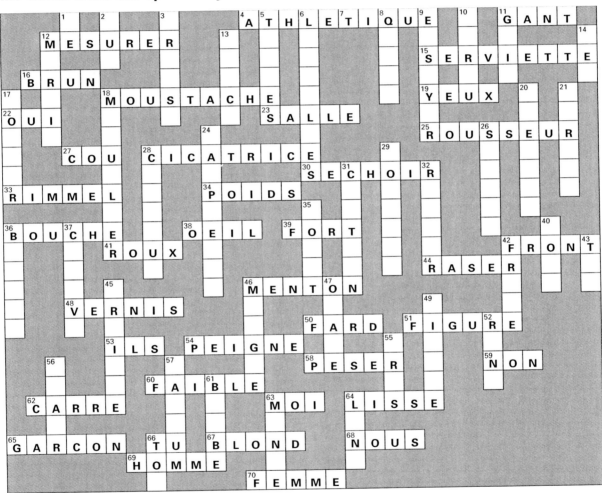

Discovering
FRENCH Nouveau!

ROUGE

Le corps

Unité 1, Partie 1, Version B

You and your partner have different halves of the same puzzle. Without looking at your partner's puzzle, help each other fill in the blanks by giving clues you make up. Don't use the actual word and speak only in French!

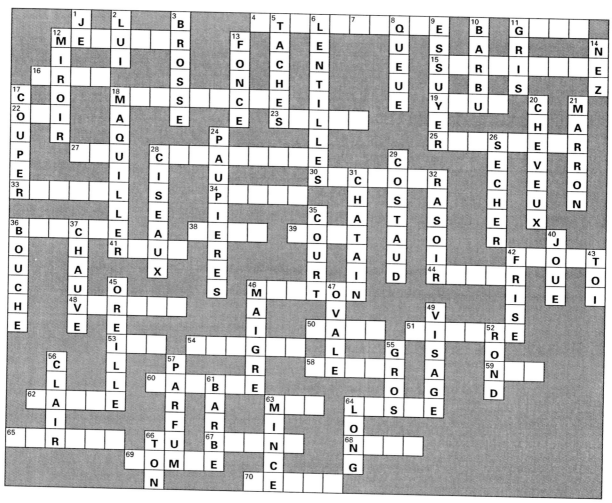

Discovering
FRENCH *Nouveau!*

R O U G E

Le corps

Unité 1, Partie 1, Version C

Hand out equal numbers of Puzzle A and Puzzle B to students and have them pair up, A's with B's. They will take turns giving each other clues they make up without using the actual word, and speaking only French. Your page, Version C, has the completed puzzle.

Nom _____

Classe _____ Date _____

R O U G E

La routine

Unité 1, Partie 2, Version A

You and your partner have different halves of the same puzzle. Without looking at your partner's puzzle, help each other fill in the blanks by giving clues you make up. Don't use the actual word and speak only in French!

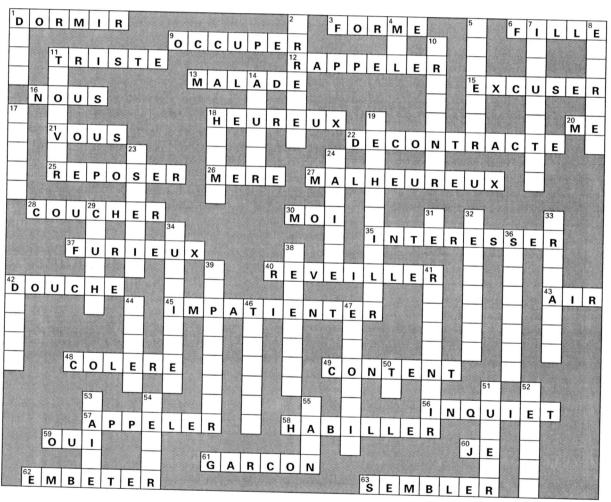

Unité 1
Teacher to Teacher

Discovering French, Nouveau! Rouge

Nom _____

Classe _____ Date _____

Discovering
FRENCH
Nouveau!
R O U G E

La routine

Unité 1, Partie 2, Version B

You and your partner have different halves of the same
puzzle. Without looking at your partner's puzzle, help each
other fill in the blanks by giving clues you make up. Don't use
the actual word and speak only in French!

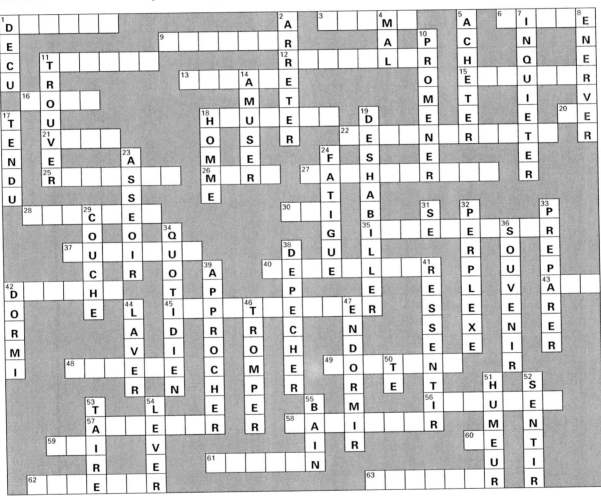

La routine

Unité 1, Partie 2, Version C

Hand out equal numbers of Puzzle A and Puzzle B to students and have them pair up, A's with B's. They will take turns giving each other clues they make up without using the actual word, and speaking only French. Your page, Version C, has the completed puzzle.

Nom _____

Classe _____ Date _____

Discovering
FRENCH
Nouveau!

R O U G E

Trouver Celui Qui...

Your teacher will give you a secret number that corresponds
to a box on this page. You want to find out who has the other
boxes by asking a student near you, "Est-ce que tu...
(cherches une glace? adores le parfum?" etc.). Write in the
name of the student who has the first box, then go on to
another student until you have filled in all the boxes.

1	2	3	4
Tu cherches une glace	Tu as besoin du savon	Tu dois acheter une nouvelle brosse à dents	Tu ne peux pas trouver les ciseaux
_____	_____	_____	_____
5	**6**	**7**	**8**
Tu as besoin d'une serviette	Tu n'as jamais utilisé un gant de toilette	Tu détestes le fard à paupières	Tu dois acheter un miroir
_____	_____	_____	_____
9	**10**	**11**	**12**
Tu cherches un joli rouge à lèvres	Tu as besoin du dentifrice	Tu cherches la crème à raser	Tu vas acheter l'après-rasage
_____	_____	_____	_____
13	**14**	**15**	**16**
Tu utilises souvent l'eau de toilette	Tu n'as jamais besoin d'un séchoir	Tu n'utilises jamais d'eye-liner	Tu ne peux pas trouver le rimmel
_____	_____	_____	_____

Trouver Celui Qui... *(continued)*

17	18	19	20
Tu voudrais utiliser le mascara	Tu as besoin d'un nouveau réveil	Tu dois acheter une brosse à cheveux	Tu as perdu ton peigne
_____	_____	_____	_____
21	**22**	**23**	**24**
Tu as oublié d'acheter le savon	Tu voudrais acheter un nouveau rasoir	Tu préfères utiliser la poudre	Tu détestes le nouveau shampooing
_____	_____	_____	_____
25	**26**	**27**	**28**
Tu as oublié le vernis à ongles	Tu adores les parfums chers	Tu ne peux pas trouver les lames de rasoir	Tu as beaucoup d'articles de toilette
_____	_____	_____	_____
29	**30**	**31**	**32**
Tu as acheté une trousse de toilette	Tu as besoin d'une permanente	Tu n'as plus de mousse!	Tu utilises beaucoup de produits de beauté
_____	_____	_____	_____
33	**34**	**35**	
Tu cherches du fond de teint	Tu adores le parfum	Tu as assez d'argent pour l'eau de Cologne	
_____	_____	_____	

Nom _____

Classe _____ Date _____

Discovering
FRENCH
Nouveau!

R O U G E

Et Maintenant...

Après avoir fait l'activité Trouver Celui Qui..., utilisez cette information pour remplir cette page en terminant les phrases avec un verbe (probablement réfléchi).

1. Ah, _Kathy_____, tu cherches une glace pour _te regarder_____.

2. Ah, _Lee_____, tu as besoin du savon pour _te laver_____.

3. Ah, _____, tu dois acheter une nouvelle brosse à dents pour _____

_____.

4. Ah, _____, tu ne peux pas trouver les ciseaux pour _____.

5. Ah, _____, tu as besoin d'une serviette pour _____.

6. Ah, _____, tu n'as jamais utilisé un gant de toilette pour _____.

7. Ah, _____, tu détestes le fard à paupières pour _____.

8. Ah, _____, tu dois acheter un miroir pour _____.

9. Ah, _____, tu cherches un joli rouge à lèvres pour _____.

10. Ah, _____, tu as besoin du dentifrice pour _____.

11. Ah, _____, tu cherches la crème à raser pour _____.

12. Ah, _____, tu vas acheter l'après-rasage pour _____.

13. Ah, _____, tu utilises souvent l'eau de toilette pour _____.

14. Ah, _____, tu n'as jamais besoin d'un séchoir pour _____.

15. Ah, _____, tu n'utilises jamais d'eye-liner pour _____.

16. Ah, _____, tu ne peux pas trouver le rimmel pour _____.

Et Maintenant... *(continued)*

17. Ah, _____, tu voudrais utiliser le mascara pour _____.

18. Ah, _____, tu as besoin d'un nouveau réveil pour _____.

19. Ah, _____, tu dois acheter une brosse à cheveux pour _____.

20. Ah, _____, tu as perdu ton peigne pour _____.

21. Ah, _____, tu as oublié d'acheter le savon pour _____.

22. Ah, _____, tu voudrais acheter un nouveau rasoir pour _____.

23. Ah, _____, tu préfères utiliser la poudre pour _____.

24. Ah, _____, tu détestes le nouveau shampooing pour _____.

25. Ah, _____, tu as oublié le vernis à ongles pour _____.

26. Ah, _____, tu adores les parfums chers pour _____.

27. Ah, _____, tu ne peux pas trouver les lames de rasoir pour _____.

28. Ah, _____, tu as beaucoup d'articles de toilette pour _____.

29. Ah, _____, tu as acheté une trousse de toilette pour _____.

30. Ah, _____, tu as besoin d'une permanente pour _____.

31. Ah, _____, tu n'as plus de mousse pour _____.

32. Ah, _____, tu utilises beaucoup de produits de beauté pour _____.

33. Ah, _____, tu cherches du fond de teint pour _____.

34. Ah, _____, tu adores le parfum pour _____.

35. Ah, _____, tu as assez d'argent pour l'eau de Cologne pour _____.

Nom _____

Classe _____ Date _____

Discovering
FRENCH
Nouveau!
R O U G E

Jumeaux/Jumelles

Faites le tour de la pièce en demandant (en français!) qui a les mêmes phrases que vous.

1.

Tu aimes t'amuser.	Tu ne t'inquiètes pas souvent.
Tu aimes te lever tôt.	Tu aimes t'amuser.
Tu ne t'inquiètes pas souvent.	Tu es décontracté(e).
Tu ne te rappelles pas tout.	Tu aimes te lever tôt.
Tu es décontracté(e).	Tu ne te rappelles pas tout.

2.

Tu sembles calme.	Tu es rarement malade.
Tu te sens bien.	Tu te couches tard.
Tu ne t'énerves pas souvent.	Tu ne t'énerves pas souvent.
Tu es rarement malade.	Tu sembles calme.
Tu te couches tard.	Tu te sens bien.

3.

Tu aimes te promener.	Tu te laves les cheveux le matin.
Tu te prépares vite le matin.	Tu ne t'endors pas vite.
Tu n'aimes pas te dépêcher.	Tu aimes te promener.
Tu ne t'endors pas vite.	Tu n'aimes pas te dépêcher.
Tu te laves les cheveux le matin.	Tu te prépares vite le matin.

4.

Tu ne t'habilles pas à la mode.	Tu ne te reposes pas souvent.
Tu te sens en forme.	Tu te sens en forme.
Tu as l'air décontracté(e).	Tu ne t'habilles pas à la mode.
Tu ne te reposes pas souvent.	Tu n'es pas tendu.
Tu n'es pas tendu.	Tu as l'air décontracté(e).

5.

Tu aimes t'amuser.	Tu es décontracté(e).
Tu aimes te lever tôt.	Tu t'endors facilement.
Tu ne t'inquiètes pas souvent.	Tu ne t'inquiètes pas souvent.
Tu es décontracté(e).	Tu aimes t'amuser.
Tu t'endors facilement.	Tu aimes te lever tôt.

yright © by McDougal Littell, a division of Houghton Mifflin Company.

Nom _____

Classe _____ Date _____

Discovering
FRENCH
Nouveau!

R O U G E

Jumeaux/Jumelles *(continued)*

6.

Tu sembles calme.	Tu ne t'énerves pas souvent.
Tu te sens bien.	Tu sembles calme.
Tu ne t'énerves pas souvent.	Tu te couches tôt.
Tu es rarement malade.	Tu es rarement malade.
Tu te couches tôt.	Tu te sens bien.

7.

Tu aimes te promener.	Tu ne t'endors pas vite
Tu ne t'endors pas vite.	Tu n'aimes pas te dépêcher.
Tu n'aimes pas te dépêcher.	Tu te prépares vite le matin.
Tu te prépares vite le matin.	Tu es décontracté(e).
Tu es décontracté(e).	Tu aimes te promener.

8.

Tu ne t'habilles pas à la mode.	Tu te sens décontracté(e).
Tu te sens en forme.	Tu ne te reposes pas souvent.
Tu te sens décontracté(e).	Tu ne t'habilles pas à la mode.
Tu ne te reposes pas souvent.	Tu t'endors facilement.
Tu t'endors facilement.	Tu te sens en forme.

9.

Tu aimes t'amuser.	Tu ne t'inquiètes pas souvent.
Tu aimes te lever tôt.	Tu aimes t'amuser.
Tu ne t'inquiètes pas souvent.	Tu te couches tard.
Tu es décontracté(e).	Tu aimes te lever tôt.
Tu te couches tard.	Tu es décontracté(e).

10.

Tu sembles calme.	Tu ne t'énerves pas souvent.
Tu te sens bien.	Tu t'endors facilement.
Tu ne t'énerves pas souvent.	Tu es rarement malade.
Tu es rarement malade.	Tu sembles calme.
Tu t'endors facilement.	Tu te sens bien.

Nom _____

Classe _____ Date _____

Discovering
FRENCH
Nouveau!

R O U G E

Jumeaux/Jumelles *(continued)*

11.

Tu ne t'habilles pas à la mode.	Tu ne te reposes pas souvent.
Tu te sens en forme.	Tu te sens en forme.
Tu as l'air décontracté(e).	Tu aimes t'amuser.
Tu ne te reposes pas souvent.	Tu as l'air décontracté(e).
Tu aimes t'amuser.	Tu ne t'habilles pas à la mode.

12.

Tu aimes t'amuser.	Tu aimes te lever tôt.
Tu aimes te lever tôt.	Tu es décontracté(e).
Tu ne t'inquiètes pas souvent.	Tu aimes t'amuser.
Tu es décontracté(e).	Tu ne te dépêches jamais.
Tu ne te dépêches jamais.	Tu ne t'inquiètes pas souvent.

13.

Tu sembles calme.	Tu ne t'énerves pas souvent.
Tu te sens bien.	Tu te sens bien.
Tu ne t'énerves pas souvent.	Tu ne te dépêches jamais.
Tu es rarement malade.	Tu sembles calme.
Tu ne te dépêches jamais.	Tu es rarement malade.

14.

Tu aimes te promener.	Tu te prépares vite le matin.
Tu te prépares vite le matin.	Tu ne t'endors pas vite.
Tu n'aimes pas te dépêcher.	Tu ne te dépêches jamais.
Tu ne t'endors pas vite.	Tu aimes te promener.
Tu ne te dépêches jamais.	Tu n'aimes pas te dépêcher.

15.

Tu ne t'habilles pas à la mode.	Tu te sens en forme.
Tu te sens en forme.	Tu ne t'endors pas facilement.
Tu as l'air décontracté(e).	Tu ne te reposes pas souvent.
Tu ne te reposes pas souvent.	Tu ne t'habilles pas à la mode.
Tu ne t'endors pas facilement.	Tu as l'air décontracté(e).

Jumeaux/Jumelles *(continued)*

16.

Tu aimes te promener.	Tu te prépares vite le matin.
Tu te prépares vite le matin.	Tu n'aimes pas te dépêcher.
Tu n'aimes pas te dépêcher.	Tu te couches tôt.
Tu ne t'endors pas vite.	Tu ne t'endors pas vite.
Tu te couches tôt.	Tu aimes te promener.

17.

Tu ne t'habilles pas à la mode.	Tu te sens en forme.
Tu te sens en forme.	Tu ne te dépêches jamais.
Tu as l'air décontracté(e).	Tu ne te reposes pas souvent.
Tu ne te reposes pas souvent.	Tu ne t'habilles pas à la mode.
Tu ne te dépêches jamais.	Tu as l'air décontracté(e).

18.

Tu aimes t'amuser.	Tu aimes te lever tôt.
Tu aimes te lever tôt.	Tu détestes te coucher tôt.
Tu ne t'inquiètes pas souvent.	Tu ne t'inquiètes pas souvent.
Tu es décontracté(e).	Tu aimes t'amuser.
Tu détestes te coucher tôt.	Tu es décontracté(e).

19.

Tu sembles calme.	Tu te sens bien.
Tu te sens bien.	Tu aimes te promener.
Tu ne t'énerves pas souvent.	Tu es rarement malade.
Tu es rarement malade.	Tu sembles calme.
Tu aimes te promener.	Tu ne t'énerves pas souvent.

20.

Tu aimes te promener.	Tu te prépares vite le matin.
Tu te prépares vite le matin.	Tu détestes te coucher tôt.
Tu n'aimes pas te dépêcher.	Tu ne t'endors pas vite.
Tu ne t'endors pas vite.	Tu aimes te promener.
Tu détestes te coucher tôt.	Tu n'aimes pas te dépêcher.

Les travaux domestiques

Unité 2, Partie 1, Version A

You and your partner have different halves of the same puzzle. Without looking at your partner's puzzle, help each other fill in the blanks by giving clues you make up. Don't use the actual word and speak only in French!

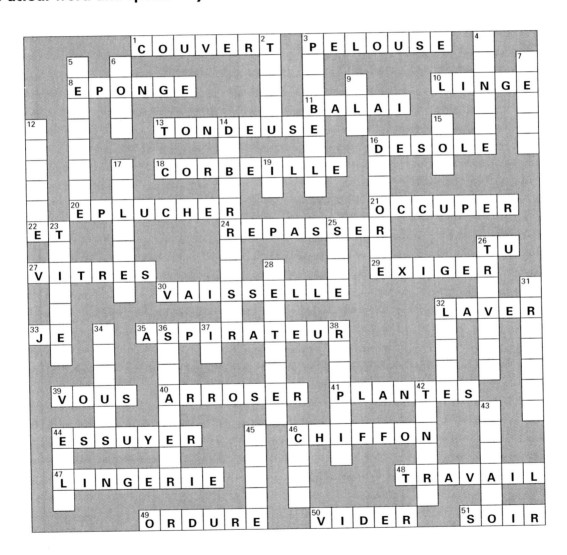

Les travaux domestiques

Unité 2, Partie 1, Version B

You and your partner have different halves of the same puzzle. Without looking at your partner's puzzle, help each other fill in the blanks by giving clues you make up. Don't use the actual word and speak only in French!

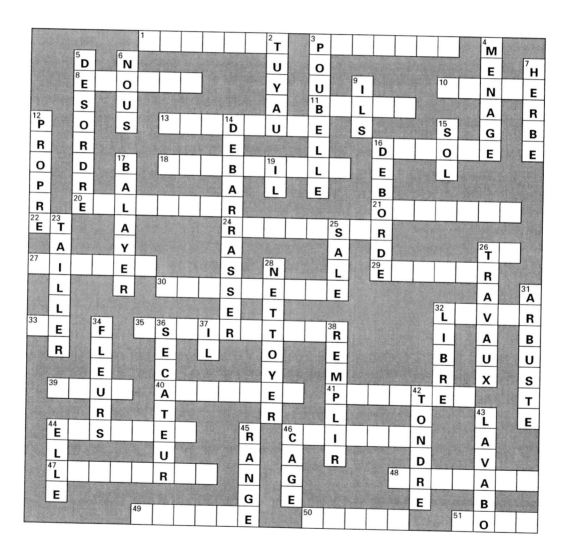

Les travaux domestiques

Unité 2, Partie 1, Version C

Hand out equal numbers of Puzzle A and Puzzle B to students and have them pair up, A's with B's. They will take turns giving each other clues they make up without using the actual word, and speaking only French. Your page, Version C, has the completed puzzle.

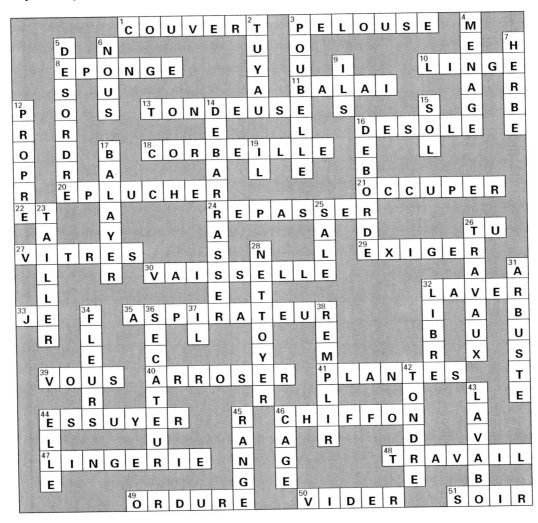

Comment décrire un objet

Unité 2, Partie 2, Version A

You and your partner have different halves of the same puzzle. Without looking at your partner's puzzle, help each other fill in the blanks by giving clues you make up. Don't use the actual word and speak only in French!

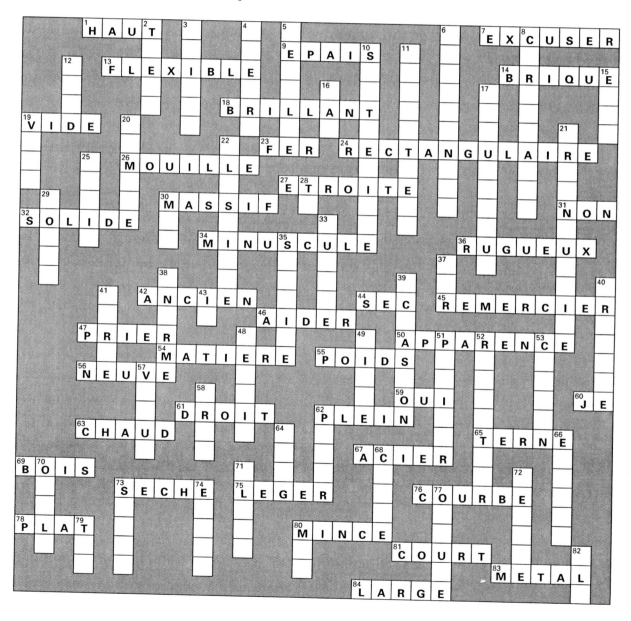

Nom _____

Classe _____ Date _____

Discovering
FRENCH
Nouveau!

R O U G E

Comment décrire un objet

Unité 2, Partie 2, Version B

You and your partner have different halves of the same puzzle. Without looking at your partner's puzzle, help each other fill in the blanks by giving clues you make up. Don't use the actual word and speak only in French!

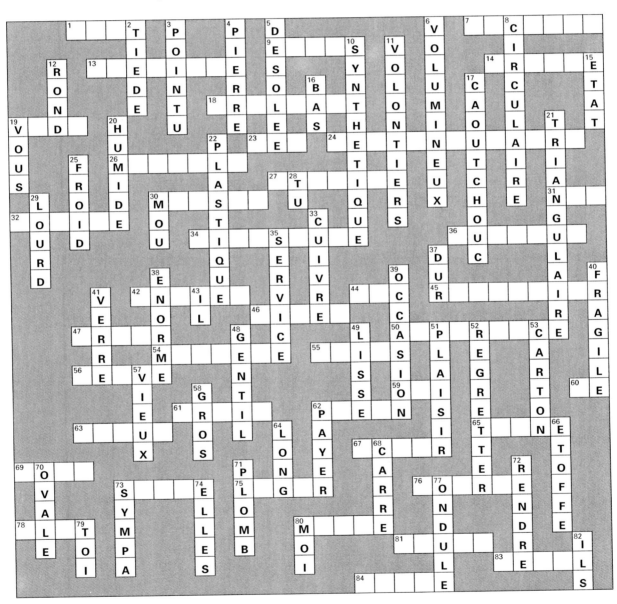

Comment décrire un objet

Unité 2, Partie 2, Version C

Hand out equal numbers of Puzzle A and Puzzle B to students and have them pair up, A's with B's. They will take turns giving each other clues they make up without using the actual word, and speaking only French. Your page, Version C, has the completed puzzle.

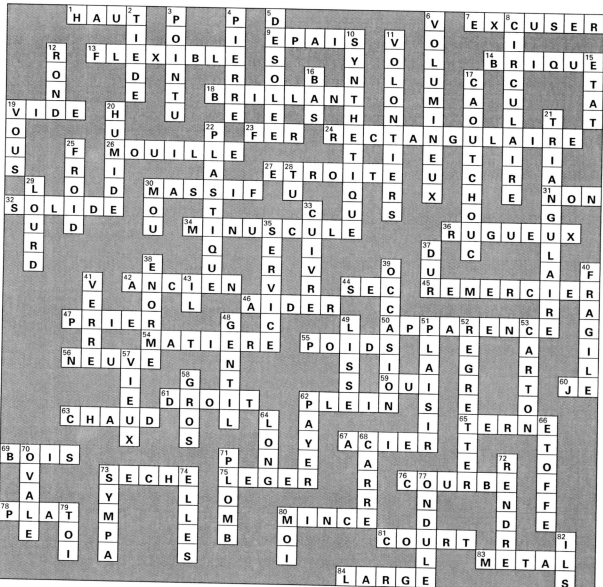

Nom _____

Classe _____ Date _____

Discovering
FRENCH
Nouveau!

R O U G E

Trouver Celui Qui...

Your teacher will give you a secret number that corresponds to a box on this page. You want to find out who has the other boxes by asking a student near you, "Est-ce que tu... (cherches une glace? adores le parfum?" etc.). Write in the name of the student who has the first box, then go on to another student until you have filled in all the boxes.

1	2	3	4
vous faites le ménage le jeudi	vous rangez les magazines avant la boum	vous mettez la table pour la fête	vous faites les travaux d'Hercule
_____	_____	_____	_____
5	**6**	**7**	**8**
vous lavez les légumes	vous épluchez les carottes	vous faites la vaisselle	vous mettez le couvert
_____	_____	_____	_____
9	**10**	**11**	**12**
vous rangez la vaisselle	vous essuyez les verres	vous videz les ordures tous les jours	vous sortez la poubelle le jeudi
_____	_____	_____	_____
13	**14**	**15**	**16**
vous débarrassez la table	vous balayez le sol après le repas	vous lavez le linge	vous faites le lit tous les jours
_____	_____	_____	_____

Trouver Celui Qui... *(continued)*

17 vous passez l'aspirateur le samedi _____	**18** vous videz la corbeille _____	**19** vous épluchez les pommes _____	**20** vous repassez une chemise _____
21 vous donnez à manger au chien _____	**22** vous nettoyez la cage de l'oiseau _____	**23** vous rangez les vêtements _____	**24** vous arrosez les fleurs du jardin _____
25 vous tondez la pelouse _____	**26** vous vous occupez des animaux _____	**27** vous taillez les arbustes _____	**28** vous remplissez l'aquarium sans tuer le poisson _____
29 vous promenez le chien tous les jours _____	**30** vous coupez l'herbe le dimanche _____	**31** vous cherchez les chiffons pour nettoyer _____	**32** vous réparez la tondeuse _____
33 vous balayez le garage une fois par an _____	**34** vous achetez un tuyau d'arrosage _____	**35** vous empruntez le fer à repasser _____	

Nom _____

Classe _____ Date _____

Discovering
FRENCH
Nouveau!

R O U G E

Et Maintenant...

EST-IL BON DE FAIRE CES TRAVAUX D'HERCULE? ___oui___

After having found out who is doing which Herculean tasks in
the Trouver Celui Qui... activity, write their name and finish the
sentence as you refer to the grid to get the verb. Some
sentences will need to be in the **INDICATIVE**, some in the
SUBJUNCTIVE and some in the **INFINITIVE**. In addition, be sure
to answer **OUI** or **NON** to the question so it makes sense.
We're using the **VOUS** form to see if you really know if and
when to use the subjunctive.

1. ___Solange___, vous avez une boum vendredi! Est-il normal que ___vous___

   ___fassiez_____ le ménage le jeudi?   ___oui___

2. ___Louis___, il est déjà 6 heures! Votre père a dit de ___ranger___

   _____ les magazines avant la boum?   ___oui___

3. _____, vous fêtez votre anniversaire. Est-il essentiel que _____

   _____ la table pour la fête?

4. _____, vous êtes toujours paresseux! Est-ce que vous voulez _____

   _____, les travaux d'Hercule?   _____

5. _____, vous préparez une bonne ratatouille pour la fête! Est-il

   indispensable que _____ les légumes?   _____

6. _____, vous avez déjà mangé les légumes. Est-il normal que _____

   _____ les carottes?   _____

7. _____, vous avez bien mangé. Votre père voudrait que _____

   _____la vaisselle?   _____

8. _____, vous venez de dîner. Est-il utile de _____

   _____ le couvert?   _____

9. _____, vous avez fini de laver la vaisselle. Votre mère pense que _____

   _____ la vaisselle maintenant?   _____

10. _____, vous avez lavé la vaisselle après la boum. Votre mère insiste pour

    que _____ les verres?   _____

11. _____, vous préférez une maison en ordre. Est-il naturel que _____

    _____ les ordures tous les jours?   _____

Et Maintenant... *(continued)*

12. _____, vous voulez vous débarrasser des ordures. Votre famille exige

que _____ la poubelle le jeudi? _____

13. _____, vos invités arrivent dans cinq minutes. Faut-il que _____

_____ la table? _____

14. _____, vos amis ont mangé beaucoup de pain. Votre mère vous dit de

_____ le sol après le repas? _____

15. _____, vous n'avez plus de vêtements propres. Est-il essentiel

que _____ e linge? _____

16. _____, votre camarade de chambre aime une chambre bien rangée. Vaut-il

mieux que _____ le lit tous les jours? _____

17. _____, vous faites le ménage pour aider la famille. Est-il juste

que _____ l'aspirateur le samedi? _____

18. _____, le salon est en désordre. Votre père exige que _____

_____ la corbeille? _____

19. _____, vous faites une tarte aux pommes. Faut-il que _____

_____ les pommes? _____

20. _____, vous sortez ce soir avec un nouveau copain. Vaut-il mieux

que _____ une chemise? _____

21. _____, vous avez des choses à faire à la maison. Votre mère pense

que _____ à manger au chien? _____

22. _____, vous adorez le perroquet. La famille souhaite-t-elle que _____

_____ la cage de l'oiseau? _____

23. _____, vous venez de repasser les vêtements. Votre soeur vous dit-elle

de _____ les vêtements? _____

24. _____, il pleut tout l'après-midi. Est-il normal que _____

_____ les fleurs du jardin? _____

Et Maintenant... *(continued)*

25. _____, c'est l'hiver. Est-il naturel que _____
    _____ la pelouse? _____

26. _____, vous donnez à manger au chien tous les jours. Est-ce que votre frère
    préfère que _____ des animaux? _____

27. _____, c'est le printemps. Est-il bon de _____
    _____ les arbustes? _____

28. _____, vous devez vous occuper des animaux. Faut-il que _____
    _____ l'aquarium sans tuer le poisson? _____

29. _____, vous faites souvent des promenades. Votre mère espère
    que _____ le chien tous les jours? _____

30. _____, la tondeuse est cassée. Est-il possible de _____
    _____ l'herbe dimanche? _____

31. _____, vous faites le ménage du printemps. Votre mère recommande
    que _____ les chiffons pour nettoyer? _____

32. _____, mais vous ne connaissez rien aux machines! Votre père désire
    que _____ la tondeuse? _____

33. _____, le garage est toujours en désordre. Vaut-il mieux que _____
    _____ le garage une fois par an? _____

34. _____, vous voudriez arroser le jardin potager. Faut-il que _____
    _____ un tuyau d'arrosage? _____

35. _____, votre fer à repasser est cassé. Est-il nécessaire de _____
    _____ un fer à repasser? _____

Jumeaux/Jumelles

D'abord, trouvez votre Jumeau/Jumelle. Puis essayez ensemble d'identifier le TRUC que vous avez. Le professeur a la réponse.

1.

Le haut est en étoffe. Le bas est en bois. Une partie est en verre. La partie en verre est fragile. Une partie en métal attache les autres parties.	Le bas est en bois. Une partie en métal attache les autres parties. Le haut est en étoffe. La partie en verre est fragile. Une partie est en verre.

2.

Le truc est rond et plat. Le truc est mince. Le truc est lisse. Le truc est en métal. Le truc marche avec des piles ou avec l'électricité.	Le truc est mince. Le truc marche avec des piles ou avec l'électricité. Le truc est en métal. Le truc est rond et plat. Le truc est lisse.

3.

Le truc est énorme et gros. Le truc est pointu et long. Le truc est en bois. Le bas est plat et souvent mouillé. Le haut est généralement sec.	Le truc est pointu et long. Le haut est généralement sec. Le truc est en bois. Le truc est énorme et gros. Le bas est plat et souvent mouillé.

4.

Le truc est principalement fait en étoffe. Le bas est plat et souvent mouillé. Le haut est généralement sec. Le truc est lisse et flexible. La partie en métal est très longue et courbée.	Le haut est généralement sec. La partie en métal est très longue et courbée. Le bas est plat et souvent mouillé. Le truc est principalement fait en étoffe. Le truc est lisse et flexible.

5.

Le truc est léger quand il est vide. Le truc est assez lourd quand il est plein. Le truc est flexible quand il est vide. Le truc est fait en aluminium. L'intérieur est mouillé.	L'intérieur est mouillé. Le truc est fait en aluminium. Le truc est assez lourd quand il est plein. Le truc est léger quand il est vide. Le truc est flexible quand il est vide.

Nom _____

Classe _____ Date _____

Discovering
FRENCH
Nouveau!

ROUGE

Jumeaux/Jumelles (continued)

6.

Le truc est énorme et en bois.	Le truc est épais.
Le truc est très lourd et dur.	Le truc est très lourd et dur.
On peut ouvrir certaines parties.	Le truc est carré ou rectangulaire.
Le truc est carré ou rectangulaire.	Le truc est énorme et en bois.
Le truc est épais.	On peut ouvrir certaines parties.

7.

Le truc est très lourd et énorme.	Le truc est rugueux.
Le truc est rugueux.	Le truc est dur et long.
Le truc est assez épais.	Le truc est assez épais.
Le truc est en pierre.	Le truc est très lourd et énorme.
Le truc est dur et long.	Le truc est en pierre.

8.

Le truc est rugueux.	Le truc est très long.
Le truc est très long.	Quelques parties sont pointues.
Le truc est en bois.	Le truc a des espaces vides.
Quelques parties sont pointues.	Le truc est rugueux.
Le truc a des espaces vides.	Le truc est en bois.

9.

Le truc est épais.	Une partie est en bois.
Le truc est plat.	Une partie est en étoffe.
Une partie est en bois.	Le truc est plat.
Une partie est en étoffe.	Le truc est mou et volumineux.
Le truc est mou et volumineux.	Le truc est épais.

10.

Le truc est assez massif.	Le truc est en plastique ou en métal.
Le truc est en plastique ou en métal.	Le truc est assez lourd quand il est plein.
Le truc est circulaire ou rectangulaire.	Le truc est vidé régulièrement.
Le truc est vidé régulièrement.	Le truc est assez massif.
Le truc est assez lourd quand il est plein.	Le truc est circulaire ou rectangulaire.

Jumeaux/Jumelles *(continued)*

11.

Le truc est rond et assez grand.	Une partie est en caoutchouc.
Une partie est en caoutchouc.	Le truc est dur mais un peu flexible.
Une partie est en métal ou en acier.	Le truc est rugueux pour marcher mieux.
Le truc est rugueux pour marcher mieux.	Le truc est rond et assez grand.
Le truc est dur mais un peu flexible.	Une partie est en métal ou en acier.

12.

Le truc est en bois ou en métal.	Une partie est en verre.
Une partie est en verre.	Le truc est assez mince.
La partie en verre est fragile.	Le truc est carré.
Le truc est carré.	Le truc est en bois ou en métal.
Le truc est assez mince.	La partie en verre est fragile.

13.

Le truc est principalement en cuir.	Le bas est en caoutchouc.
Le bas est en caoutchouc.	Le truc est moins confortable quand il est neuf.
Le truc est plus flexible quand il est usagé.	Le truc est principalement en cuir.
Le truc est moins confortable quand il est neuf.	Le truc est assez petit.
Le truc est assez petit.	Le truc est plus flexible quand il est usagé.

14.

Le truc est long et pointu.	Le truc est très lisse.
Le truc est très lisse.	Le truc est dur mais un peu flexible.
Le truc est normalement en bois	Le truc peut être en métal.
Le truc peut être en métal.	Le truc est long et pointu.
Le truc est dur mais un peu flexible.	Le truc est normalement en bois.

15.

Le truc est plat.	Le truc est rond.
Le truc est en cuivre.	Le truc est brillant quand il est neuf.
Le truc est rond.	Le truc est plat.
Le truc est petit.	Le truc est petit.
Le truc est brillant quand il est neuf.	Le truc est en cuivre.

Nom _____

Classe _____ Date _____

Discovering
FRENCH
Nouveau!

R O U G E

Jumeaux/Jumelles *(continued)*

16.

Le truc est petit et circulaire. Le truc est en métal précieux (argent, or). Le truc a une pierre précieuse attachée. Le truc est poli et brillant. Le centre du truc est vide.	Le truc est poli et brillant. Le truc a une pierre précieuse attachée. Le centre du truc est vide. Le truc est petit et circulaire. Le truc est en métal précieux (argent, or).

17.

Le truc est assez petit. Le truc est en cuir. Le truc est ovale mais pointu sur deux côtés. Le truc est assez solide. Le truc est léger.	Le truc est ovale mais pointu sur deux côtés. Le truc est léger. Le truc est assez petit. Le truc est assez solide. Le truc est en cuir.

18.

Le truc est carré ou rectangulaire. Le truc est plat et léger. Un côté a une spirale en métal. Le truc est principalement en papier. L'extérieur est en carton.	Un côté a une spirale en métal. L'extérieur est en carton. Le truc est plat et léger. Le truc est carré ou rectangulaire. Le truc est principalement en papier.

KEY

1. une lampe

2. un CD

3. un bateau à rames

4. un bateau à voile

5. une boisson en boîte

6. une commode

7. un mur en pierre

8. une barrière en bois

9. un lit

10. une poubelle

11. un pneu

12. une fenêtre

13. une chaussure

14. un ski

15. une pièce de monnaie

16. une bague

17. un ballon de football américain

18. un cahier

La nature

Unité 3, Version A

You and your partner have different halves of the same puzzle. Without looking at your partner's puzzle, help each other fill in the blanks by giving clues you make up. Don't use the actual word and speak only in French!

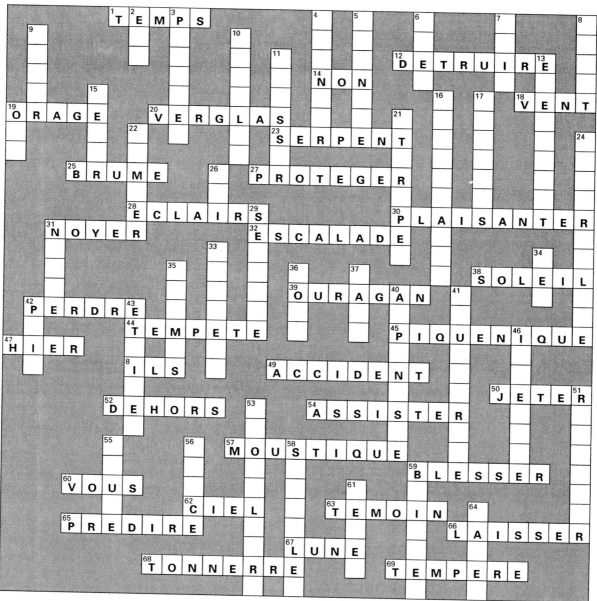

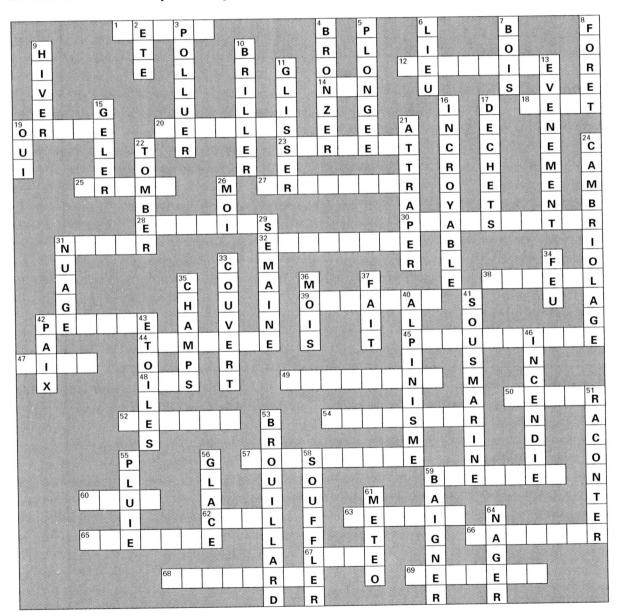

Discovering FRENCH Nouveau!

ROUGE

La nature

Unité 3, Version B

You and your partner have different halves of the same puzzle. Without looking at your partner's puzzle, help each other fill in the blanks by giving clues you make up. Don't use the actual word and speak only in French!

La nature

Unité 3, Version C

Hand out equal numbers of Puzzle A and Puzzle B to students and have them pair up, A's with B's. They will take turns giving each other clues they make up without using the actual word, and speaking only French. Your page, Version C, has the completed puzzle.

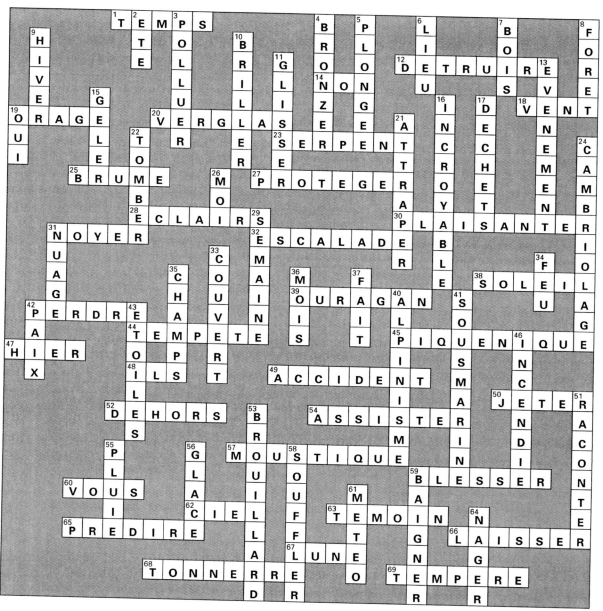

Nom _____

Classe _____ Date _____

Discovering
FRENCH
Nouveau!

R O U G E

Trouver Celui Qui...

Your teacher will give you a secret number that corresponds to a box on this page. You want to find out who has the other boxes by asking a student near you, "Est-ce que tu... (cherches une glace? adores le parfum?" etc.). Write in the name of the student who has the first box, then go on to another student until you have filled in all the boxes.

1	2	3	4
vous avez nagé dans la mer	vous avez respecté la nature cet été	vous avez fait beaucoup de pique-niques sur l'herbe	vous avez bien observé les animaux
_____	_____	_____	_____
5	**6**	**7**	**8**
vous n'avez jamais fait d'escalade	vous vous êtes promené(e) dans la forêt	vous avez pris un bain de soleil tous les jours	vous vous êtes baigné(e)
_____	_____	_____	_____
9	**10**	**11**	**12**
vous avez fait un tour dans les champs	vous avez protégé l'environnement	vous ne vous êtes pas noyé(e) dans le lac	vous avez marché sur un serpent
_____	_____	_____	_____
13	**14**	**15**	**16**
vous vous êtes blessé(e) à l'épaule	vous êtes bronzé(e)	vous avez évité les dangers de la mer	vous n'avez jamais eu le mal de mer
_____	_____	_____	_____

Trouver Celui Qui... *(continued)*

17 vous êtes tombé(e) dans l'eau devant vos amis _____	**18** vous avez attrapé un coup de soleil _____	**19** vous avez laissé des déchets dans les bois _____	**20** vous avez été piqué(e) par mille moustiques _____
21 vous n'avez pas détruit la végétation _____	**22** vous avez pollué les lacs _____	**23** vous avez glissé et vous êtes tombé(e) _____	**24** vous n'avez pas jeté de vieux papiers _____
25 vous vous êtes perdu(e) dans les bois! _____	**26** vous n'avez jamais mis le feu à la forêt _____	**27** vous vous êtes blessé(e) à la campagne _____	**28** vous vous êtes cassé(e) la jambe à la montagne _____
29 vous avez déjà cassé les branches des arbres _____	**30** vous avez fait peur aux animaux _____	**31** vous avez fait un tour dans les bois _____	**32** vous avez fait de la plongée sous-marine _____
33 vous n'avez pas fait de planche à voile _____	**34** vous vous êtes amusé(e) au pique-nique _____	**35** vous avez fait un tour dans la forêt avec quelqu'un _____	

Discovering French, Nouveau! Rouge

Nom _____

Classe _____ Date _____

Discovering
FRENCH
Nouveau!

R O U G E

Et Maintenant...

**Maintenant que vous avez trouvé ceux qui ont fait ces choses,
écrivez leur nom et ensuite demandez ou imaginez ce qu'ils
FAISAIENT à ce moment-là. Utilisez l'IMPARFAIT.**

1. _Suzette a nagé dans la mer quand elle était chez sa grand-mère en Californie._

2. _____

3. _____

4. _____

5. _____

6. _____

7. _____

8. _____

9. _____

10. _____

11. _____

12. _____

13. _____

14. _____

15. _____

16. _____

17. _____

Nom _____

Classe _____ Date _____

Discovering
FRENCH
Nouveau!

ROUGE

Et Maintenant... (continued)

18. _____

19. _____

20. _____

21. _____

22. _____

23. _____

24. _____

25. _____

26. _____

27. _____

28. _____

29. _____

30. _____

31. _____

32. _____

33. _____

34. _____

35. _____

Nom _____

Classe _____ Date _____

Discovering
FRENCH
Nouveau!

R O U G E

Trouver Celui Qui...

Your teacher will give you a secret number that corresponds to a box on this page. You want to find out who has the other boxes by asking a student near you, "Est-ce que tu... (cherches une glace? adores le parfum?" etc.). Write in the name of the student who has the first box, then go on to another student until you have filled in all the boxes.

1	**2**	**3**	**4**
vous avez assisté à un incendie	vous vous êtes trouvé près d'un accident	vous avez assisté à un événement sportif	vous avez raconté une histoire amusante
_____	_____	_____	_____
5	**6**	**7**	**8**
vous avez vu un accident d'avion ce week-end	vous avez été témoin d'un cambriolage	vous avez appris qu'il y a eu un ouragan	vous avez deviné l'identité du cambrioleur
_____	_____	_____	_____
9	**10**	**11**	**12**
vous avez parlé avec la victime d'un cambriolage	vous avez vu des gens polluer le Mississippi	vous avez lu qu'il y a eu une avalanche dans les Alpes	vous avez écrit sur le cambriolage de votre maison
_____	_____	_____	_____
13	**14**	**15**	**16**
vous avez assisté au cambriolage d'une boutique d'ordinateurs	vous ne vous êtes pas amusé(e) au mariage de votre oncle	vous avez lu qu'il y a eu un cambriolage dans une boutique de bijoux	vous avez entendu des pompiers dans la rue
_____	_____	_____	_____

Trouver Celui Qui... *(continued)*

17 vous avez assisté à l'incendie de l'école _____	**18** vous avez demandé ce qui est arrivé ensuite _____	**19** vous avez été témoin d'un accident de bateau _____	**20** vous avez pris une photo des cambrioleurs _____
21 vous avez vu des dérapages sur l'autoroute _____	**22** vous avez deviné ce qui s'est passé samedi soir _____	**23** vous avez vu un homme qui ramassait des déchets _____	**24** vous vous rappelez tous les faits de cette histoire _____
25 vous n'avez pas pu assister à l'événement _____	**26** vous n'avez jamais su qu'il y avait des cambrioleurs chez vous _____	**27** vous avez vu des flammes qui sortaient de la maison voisine _____	**28** vous vous trouviez dehors quand les cambrioleurs sont sortis du magasin _____
29 vous avez crié quand le camion a provoqué l'accident _____	**30** vous avez assisté à un concert de rock avec des gens bizarres _____	**31** vous avez participé à un événement sportif _____	**32** vous avez été victime d'un accident de montagne _____
33 vous avez deviné ce qui a eu lieu chez Danielle _____	**34** vous avez évité un accident de voiture cet hiver _____	**35** vous avez détruit la voiture de votre mère _____	

Nom _____

Classe _____ Date _____

Discovering
FRENCH
Nouveau!

R O U G E

Et Maintenant...

Maintenant que vous avec trouvé le témoin ou la victime en faisant l'activité Trouver Celui Qui..., demandez ou imaginez les réponses aux questions suivantes pour chaque événement. Écrivez en français CE QUI a été volé, détruit, etc; QUI était là; et LE TEMPS qu'il faisait.

ÉVÉNEMENT	QUOI	QUI	LE TEMPS
1. un incendie	La vieille église de la rue des Pommiers a brûlé.	La vieille église de la rue des Pommiers a brûlé.	Il faisait très chaud et noir. Malheureusement il y avait du vent.
2.			
3.			
4.			
5.			
6.			
7.			
8.			

Et Maintenant... *(continued)*

ÉVÉNEMENT	QUOI	QUI	LE TEMPS
9.			
10.			
11.			
12.			
13.			
14.			
15.			
16.			
17.			

Nom _____

Classe _____ Date _____

Discovering
FRENCH
Nouveau!
R O U G E

Et Maintenant... *(continued)*

ÉVÉNEMENT	QUOI	QUI	LE TEMPS
18.			
19.			
20.			
21.			
22.			
23.			
24.			
25.			
26.			

Et Maintenant... *(continued)*

ÉVÉNEMENT	QUOI	QUI	LE TEMPS
27.			
28.			
29.			
30.			
31.			
32.			
33.			
34.			
35.			

Nom _____

Classe _____ Date _____

Discovering
FRENCH
Nouveau!

R O U G E

Jumeaux/Jumelles

Faites le tour de la pièce en demandant (en français!) qui a les mêmes phrases que vous.

1.

Tu faisais une promenade en bateau.	Tu avais le mal de mer.
Il y avait un orage.	Tu faisais une promenade en bateau
Tu avais le mal de mer.	Un accident est arrivé.
Un accident est arrivé.	Tu te noyais mais ton ami t'a sauvé(e).
Tu te noyais mais ton ami t'a sauvé(e).	Il y avait un orage.

2.

Tu n'as pas attrapé de coup de soleil.	Le soleil brillait glorieusement.
Tu bronzais tout l'après-midi.	Tu te baignais toute la journée.
Le soleil brillait glorieusement.	Tu bronzais tout l'après-midi.
Tu te baignais toute la journée.	Tu as évité les dangers de la mer.
Tu as évité les dangers de la mer.	Tu n'as pas attrapé de coup de soleil.

3.

Tu faisais un tour dans les bois.	Il y avait du brouillard.
Tu observais les oiseaux.	Tu observais les oiseaux.
Tu ne détruisais pas la végétation.	Tu ne détruisais pas la végétation.
Il y avait du brouillard.	Tu as marché sur un serpent! Aïe!
Tu as marché sur un serpent! Aïe!	Tu faisais un tour dans les bois.

4.

Il y avait des nuages à la campagne.	Tu t'amusais beaucoup.
Tu faisais de l'escalade.	Tu protégeais l'environnement.
Tu t'amusais beaucoup.	Il y avait des nuages à la campagne.
Tu protégeais l'environnement.	Tu as glissé et tu t'es blessé(e)!
Tu as glissé et tu t'es blessé(e)!	Tu faisais de l'escalade.

5.

Tu faisais de la planche à voile.	Tes amis ont laissé des déchets au bord du lac.
Le vent soufflait.	Le vent soufflait.
Tu as fait un pique-nique sur l'herbe avec tes amis.	Tu faisais de la planche à voile.
Tes amis ont laissé des déchets au bord du lac.	Tu as refusé de laisser tes amis détruire l'environnement.
Tu as refusé de laisser tes amis détruire l'environnement.	Tu as fait un pique-nique sur l'herbe avec tes amis.

Jumeaux/Jumelles *(continued)*

6.

Tu faisais de la planche à voile.	Le vent soufflait.
Le vent soufflait.	Tu faisais de la planche à voile.
Tu as fait un pique-nique sur l'herbe avec tes amis.	Tes amis allaient jeter des ordures dans le lac.
Tes amis allaient jeter des ordures dans le lac.	Tu as refusé de laisser tes amis détruire l'environnement.
Tu as refusé de laisser tes amis détruire l'environnement.	Tu as fait un pique-nique sur l'herbe avec tes amis.

7.

Tu faisais une promenade en bateau.	Tu avais le mal de mer.
Il y avait un orage.	Tu faisais une promenade en bateau.
Tu avais le mal de mer.	Un accident est arrivé.
Un accident est arrivé.	Tu as nagé jusqu'à la plage.
Tu as nagé jusqu'à la plage.	Il y avait un orage.

8.

Tu bronzais tout l'après-midi.	Tu te baignais toute la journée.
Le soleil brillait glorieusement.	Le soleil brillait glorieusement.
Tu te baignais toute la journée.	Tu as évité les dangers de la mer.
Tu as évité les dangers de la mer.	Tu t'es perdu(e) au bord de la mer.
Tu t'es perdu(e) au bord de la mer.	Tu bronzais tout l'après-midi.

9.

Tu faisais un tour dans les bois.	Tu as été piqué(e) par des moustiques.
Tu observais les oiseaux.	Il y avait du brouillard.
Tu ne détruisais pas la végétation.	Tu faisais un tour dans les bois.
Il y avait du brouillard.	Tu ne détruisais pas la végétation.
Tu as été piqué(e) par des moustiques.	Tu observais les oiseaux.

10.

Il y avait des nuages à la campagne.	Tu t'amusais beaucoup.
Tu faisais de l'escalade.	Tu faisais de l'escalade.
Tu t'amusais beaucoup.	Il y avait des nuages à la campagne.
Tu protégeais l'environnement.	Tu t'es blessé(e) au genou.
Tu t'es blessé(e) au genou.	Tu protégeais l'environnement.

Nom _____

Classe _____ Date _____

Discovering
FRENCH
Nouveau!

R O U G E

Jumeaux/Jumelles (continued)

11.

Tu faisais de la planche à voile.
Le vent soufflait.
Ensuite tu as fait un pique-nique sur l'herbe.
Tes amis allaient casser des branches.
Tu as refusé de laisser tes amis détruire
    l'environnement.
	Tes amis allaient casser des branches.
	Le vent soufflait.
	Ensuite tu as fait un pique-nique sur l'herbe.
	Tu as refusé de laisser tes amis détruire
	    l'environnement.
	Tu faisais de la planche à voile.

12.

Tu faisais de la planche à voile.
Le vent soufflait.
Tu as fait un pique-nique sur l'herbe avec
    tes amis.
Tes amis allaient jeter des papiers par terre.
Tu as refusé de laisser tes amis détruire
    l'environnement.
	Le vent soufflait.
	Tu as refusé de laisser tes amis détruire
	    l'environnement.
	Tu as fait un pique-nique sur l'herbe avec tes
	    amis.
	Tes amis allaient jeter des papiers par terre.
	Tu faisais de la planche à voile.

13.

Tu faisais une promenade en bateau. Il y avait un orage. Tu avais le mal de mer. Un accident est arrivé. Tu es tombé(e) dans l'eau avec tes amis.	Tu es tombé(e) dans l'eau avec tes amis. Il y avait un orage. Un accident est arrivé. Tu avais le mal de mer. Tu faisais une promenade en bateau.

14.

Tu bronzais tout l'après-midi. Le soleil brillait glorieusement. Tu te baignais toute la journée. Tu as évité les dangers de la mer. Tu as été piqué(e) par des moustiques.	Le soleil brillait glorieusement. Tu te baignais toute la journée. Tu bronzais tout l'après-midi. Tu as été piqué(e) par des moustiques. Tu as évité les dangers de la mer.

15.

Tu faisais un tour dans les bois. Tu observais les oiseaux. Tu ne détruisais pas la végétation. Il y avait du brouillard. Malheureusement, tu as mis le feu aux bois!	Malheureusement tu as mis le feu aux bois! Il y avait du brouillard. Tu faisais un tour dans les bois. Tu ne détruisais pas la végétation. Tu observais les oiseaux.

Jumeaux/Jumelles *(continued)*

16.

Il y avait des nuages à la campagne.	Tu faisais de l'escalade.
Tu faisais de l'escalade.	Il y avait des nuages à la campagne.
Tu t'amusais beaucoup.	Tu protégeais l'environnement.
Tu protégeais l'environnement.	Tu t'es cassé(e) la jambe.
Tu t'es cassé(e) la jambe.	Tu t'amusais beaucoup.

17.

Tu faisais une promenade en bateau.	Il y avait un orage.
Il y avait un orage.	Tu faisais une promenade en bateau.
Tu avais le mal de mer.	Un accident est arrivée.
Un accident est arrivée.	Heureusement tu ne t'es pas noyé(e).
Heureusement tu ne t'es pas noyé(e).	Tu avais le mal de mer.

18.

Tu bronzais tout l'après-midi.	Tu as évité les dangers de la mer.
Le soleil brillait glorieusement.	Tu te baignais toute la journée.
Tu te baignais toute la journée.	Le soleil brillait glorieusement.
Tu as évité les dangers de la mer.	Tu as attrapé un mauvais coup de soleil.
Tu as attrapé un mauvais coup de soleil.	Tu bronzais tout l'après-midi.

19.

Tu faisais un tour dans les bois.	Il y avait du brouillard.
Tu observais les oiseaux.	Tu faisais un tour dans les bois.
Tu ne détruisais pas la végétation.	Tu observais les oiseaux.
Il y avait du brouillard.	Tout allait bien, mais tu t'es perdu(e)!
Tout allait bien, mais tu t'es perdu(e)!	Tu ne détruisais pas la végétation.

20.

Il y avait des nuages à la campagne.	Tu faisais de l'escalade.
Tu faisais de l'escalade.	Tu es tombé(e) parce que tu as glissé.
Tu t'amusais beaucoup.	Tu protégeais l'environnement.
Tu protégeais l'environnement.	Il y avait des nuages à la campagne.
Tu es tombé(e) parce que tu as glissé.	Tu t'amusais beaucoup.

Nom

Classe _____ Date _____

Discovering
FRENCH
Nouveau!

R O U G E

Comment faire des achats

Unité 4, Version A

You and your partner have different halves of the same puzzle. Without looking at your partner's puzzle, help each other fill in the blanks by giving clues you make up. Don't use the actual word and speak only in French!

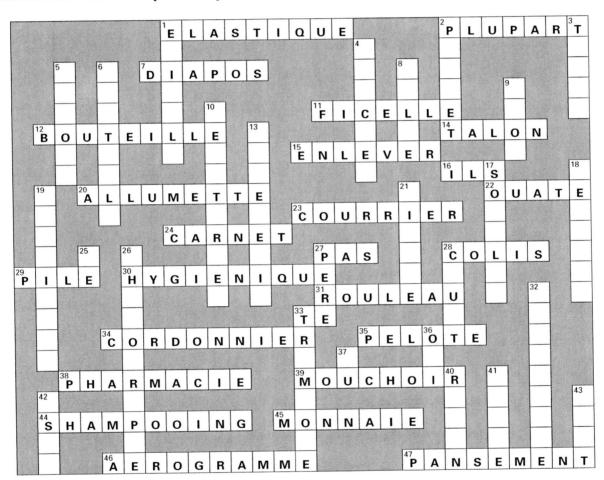

Nom _____

Classe _____ Date _____

Discovering
FRENCH
Nouveau!

ROUGE

Comment faire des achats

Unité 4, Version B

You and your partner have different halves of the same puzzle. Without looking at your partner's puzzle, help each other fill in the blanks by giving clues you make up. Don't use the actual word and speak only in French!

Nom _____

Classe _____ Date _____

Discovering
FRENCH
Nouveau!

R O U G E

Comment faire des achats

Unité 4, Version C

Hand out equal numbers of Puzzle A and Puzzle B to students and have them pair up, A's with B's. They will take turns giving each other clues they make up without using the actual word, and speaking only French. Your page, Version C, has the completed puzzle.

Trouver Celui Qui...

Your teacher will give you a secret number that corresponds
to a box on this page. You want to find out who has the other
boxes by asking a student near you, "Est-ce que tu...
(cherches une glace? adores le parfum?" etc.). Write in the
name of the student who has the first box, then go on to
another student until you have filled in all the boxes.

1 Tu as besoin de deux carnets	**2** Tu as acheté de la colle	**3** Tu cherches des trombones	**4** Tu ne peux pas trouver les élastiques
5 Tu as besoin de pellicules	**6** Tu ranges les diapos	**7** Tu as besoin d'un pansement adhésif	**8** Tu n'as pas acheté de rouleau de diapos
9 Tu cherches un coton-tige	**10** Tu viens d'acheter des mouchoirs en papier	**11** Tu dois trouver de l'ouate	**12** Tu dois acheter des piles
13 Tu cherches les allumettes	**14** Tu ne peux pas trouver de ficelle	**15** Tu voudrais une bouteille de parfum	**16** Tu voudrais trouver des épingles

Discovering
FRENCH
Nouveau!

R O U G E

Trouver Celui Qui... *(continued)*

17	18	19	20
Tu as reçu un colis	Tu achètes un crayon	Tu viens d'acheter du papier à lettres	Tu as acheté des rouleaux de scotch
21	**22**	**23**	**24**
Tu ne peux pas trouver d'enveloppes	Tu dois acheter trois timbres	Tu as envoyé cinq cartes postales	Tu vas envoyer huit aérogrammes
25	**26**	**27**	**28**
Tu dois ranger les produits d'hygiène	Tu as perdu ton stylo rouge	Tu viens de perdre ton crayon	Tu n'utilises pas le bloc de papier
29	**30**	**31**	**32**
Tu dois acheter une bouteille de shampooing	Tu as fini le tube de dentifrice	Tu n'as pas acheté de Sopalin	Tu adores acheter des produits d'entretien
33	**34**	**35**	
Tu as perdu la pelote de ficelle	Tu viens d'acheter des stylos à bille	Tu n'aimes pas ce savon	

Et Maintenant...

Maintenant que vous avez trouvé ces personnes, dites pourquoi chacun(e) a, ou veut avoir, ces objets. Utilisez des pronoms.

1. Jérôme en a besoin pour écrire des poèmes. _____

2. _____

3. _____

4. _____

5. _____

6. _____

7. _____

8. _____

9. _____

10. _____

11. _____

12. _____

13. _____

14. _____

15. _____

16. _____

17. _____

Nom _____

Classe _____ Date _____

Discovering
FRENCH
Nouveau!
—————————
R O U G E

Et Maintenant... *(continued)*

18. _____

19. _____

20. _____

21. _____

22. _____

23. _____

24. _____

25. _____

26. _____

27. _____

28. _____

29. _____

30. _____

31. _____

32. _____

33. _____

34. _____

35. _____

Jumeaux/Jumelles

Faites le tour de la pièce en demandant (en français!) qui a les mêmes phrases que vous. Chaque paire de jumeaux/jumelles doit ensuite décider où ils/elles doivent aller pour ces services ou ces achats.

1.

Tu dois acheter dix timbres à 17 euros 50.	Tu dois remplacer la pile de ton appareil-photo.
Tu dois chercher ton courrier à la poste restante.	Il te faut des pellicules et un rouleau de diapos.
Tu dois envoyer un colis à ta tante.	Tu dois chercher ton courrier à la poste restante.
Il te faut des pellicules et un rouleau de diapos.	Tu dois acheter dix timbres à 17 euros 50.
Tu dois remplacer la pile de ton appareil-photo.	Tu dois envoyer un colis à ta tante.

2.

Tu dois acheter des timbres à 17 euros 50.	Tu dois remplacer la pile de ton appareil-photo.
Tu dois chercher ton courrier à la poste restante.	Il te faut des pellicules et un rouleau de diapos.
Tu dois envoyer un paquet pour ta mère.	Tu dois envoyer un paquet pour ta mère.
Il te faut des pellicules et un rouleau de diapos.	Tu dois acheter des timbres à 17 euros 50.
Tu dois remplacer la pile de ton appareil-photo.	Tu dois chercher ton courrier à la poste restante.

3.

Tu dois acheter des aérogrammes.	Tu dois remplacer la pile de ton appareil-photo.
Tu dois chercher ton courrier à la poste restante.	Il te faut des pellicules et un rouleau de diapos.
Tu dois envoyer un colis à ta tante.	Tu dois envoyer un colis à ta tante.
Il te faut des pellicules et un rouleau de diapos.	Tu dois acheter des aérogrammes.
Tu dois remplacer la pile de ton appareil-photo.	Tu dois chercher ton courrier à la poste restante.

4.

Tu dois acheter des timbres à 17 euros 50.	Tu dois remplacer la lentille de ton appareil-photo.
Tu dois chercher ton courrier à la poste restante.	Il te faut des pellicules et un rouleau de diapos.
Tu dois envoyer un colis à ta tante.	Il te faut envoyer un colis à ta tante.
Il te faut des pellicules et un rouleau de diapos.	Tu dois acheter des timbres à 17 euros 50.
Tu dois remplacer la lentille de ton appareil-photo.	Tu dois chercher ton courrier à la poste restante.

5.

Tu dois faire changer les talons.	Tu dois faire repasser ce pantalon.
Tu voudrais faire réparer des chaussures.	Il vaut mieux faire nettoyer ces vêtements.
Tu dois faire enlever cette tache.	Tu dois faire enlever cette tache.
Tu dois faire repasser ce pantalon.	Tu voudrais faire réparer des chaussures.
Il vaut mieux faire nettoyer ces vêtements.	Tu dois faire changer les talons.

Nom _____

Classe _____ Date _____

Discovering
FRENCH
Nouveau!

R O U G E

Jumeaux/Jumelles (continued)

6.

Tu dois faire changer les talons.	Tu dois faire repasser cette chemise.
Tu voudrais faire réparer des chaussures.	Il vaut mieux faire nettoyer ces vêtements.
Tu dois faire enlever cette tache.	Tu dois faire enlever cette tache.
Tu dois faire repasser cette chemise.	Tu voudrais faire réparer des chaussures.
Il vaut mieux faire nettoyer ces vêtements.	Tu dois faire changer les talons.

7.

Tu dois faire changer les talons.	Il vaut mieux faire nettoyer ces vêtements.
Tu voudrais faire réparer tes sandales.	Tu dois faire repasser ce pantalon.
Tu dois faire enlever cette tache.	Tu dois faire enlever cette tache.
Tu dois faire repasser ce pantalon.	Tu dois faire changer les talons.
Il vaut mieux faire nettoyer ces vêtements.	Tu voudrais faire réparer tes sandales.

8.

Tu dois faire changer les talons.	Il vaut mieux faire nettoyer ton imperméable.
Tu voudrais faire réparer des chaussures.	Tu dois faire repasser ce pantalon.
Tu dois faire enlever cette tache.	Tu dois faire enlever cette tache.
Tu dois faire repasser ce pantalon.	Tu voudrais faire réparer des chaussures.
Il vaut mieux faire nettoyer ton imperméable.	Tu dois faire changer les talons.

9.

Tu dois acheter des timbres à 17 euros 50.	Tu voudrais te faire faire une permanente.
Tu dois chercher ton courrier à la poste restante.	Tu dois te faire couper les cheveux.
Tu dois envoyer un colis à ta tante.	Tu dois acheter des timbres à 17 euros 50.
Tu dois te faire couper les cheveux.	Tu dois envoyer un colis à ta tante.
Tu voudrais te faire faire une permanente.	Tu dois chercher ton courrier à la poste restante.

10.

Tu dois acheter des timbres à 17 euros 50.	Tu dois te faire couper les cheveux.
Tu dois chercher ton courrier à la poste restante.	Tu voudrais te faire faire une mise en pli.
Tu dois envoyer un colis à ta tante.	Tu dois envoyer un colis à ta tante.
Tu dois te faire couper les cheveux.	Tu dois acheter des timbres à 17 euros 50.
Tu voudrais te faire faire une mise en pli.	Tu dois chercher ton courrier à la poste restante.

Jumeaux/Jumelles *(continued)*

11.

Tu dois acheter des timbres à 17 euros 50.
Tu dois chercher ton courrier à la poste restante.
Tu dois envoyer un colis à ta tante.
Tu dois te faire couper les cheveux.
Tu voudrais te faire faire un brushing.

Tu dois envoyer un colis à ta tante.
Tu voudrais te faire faire un brushing.
Tu dois te faire couper les cheveux.
Tu dois acheter des timbres à 17 euros 50.
Tu dois chercher ton courrier à la poste restante.

12.

Tu dois acheter des timbres à 17 euros 50.
Tu dois chercher ton courrier à la poste restante.
Tu dois envoyer un paquet à tes grand-parents.
Tu dois te faire couper les cheveux.
Tu voudrais te faire faire une permanente.

Tu dois envoyer un paquet à tes grand-parents.
Tu dois te faire couper les cheveux.
Tu voudrais te faire faire une permanente.
Tu dois acheter des timbres à 17 euros 50.
Tu dois chercher ton courrier à la poste restante.

13.

Il te faut un carnet et des stylos.
Tu as besoin d'un tube de colle.
Tu voudrais acheter des trombones.
Tu as besoin d'une pellicule-couleurs.
Tu voudrais deux rouleaux de diapos.

Tu voudrais deux rouleaux de diapos.
Il te faut un carnet et des stylos.
Tu as besoin d'une pellicule-couleurs.
Tu as besoin d'un tube de colle.
Tu voudrais acheter des trombones.

14.

Il te faut un carnet et des stylos.
Tu as besoin d'un tube de colle.
Tu voudrais acheter des trombones.
Tu as besoin d'une pile.
Tu voudrais deux rouleaux de diapos.

Tu voudrais deux rouleaux de diapos.
Tu as besoin d'une pile.
Il te faut un carnet et des stylos.
Tu as besoin d'un tube de colle.
Tu voudrais acheter des trombones.

15.

Il te faut un carnet et des stylos.
Tu as besoin d'un paquet d'enveloppes.
Tu voudrais acheter des trombones.
Tu as besoin d'une pellicule-couleurs.
Tu voudrais deux rouleaux de diapos.

Tu as besoin d'un paquet d'enveloppes.
Tu voudrais acheter des trombones.
Tu voudrais deux rouleaux de diapos.
Il te faut un carnet et des stylos.
Tu as besoin d'une pellicule-couleurs.

Nom _____

Classe _____ Date _____

Discovering
FRENCH
Nouveau!

R O U G E

Jumeaux/Jumelles *(continued)*

16.

Il te faut un carnet et des stylos.	Tu voudrais acheter des trombones.
Tu as besoin d'un tube de colle.	Tu voudrais deux rouleaux de diapos.
Tu voudrais acheter des trombones.	Tu as besoin d'une pellicule en noir et blanc.
Tu as besoin d'une pellicule en noir et blanc.	Il te faut un carnet et des stylos.
Tu voudrais deux rouleaux de diapos.	Tu as besoin d'un tube de colle.

17.

Tu as besoin d'une boîte de mouchoirs en papier.	Tu voudrais acheter du papier hygiénique.
Il te faut un paquet de pansements.	Tu as besoin d'une pelote de ficelle.
Tu voudrais acheter du papier hygiénique.	Il te faut un paquet de pansements.
Tu as besoin d'une pelote de ficelle.	Tu cherches des allumettes.
Tu cherches des allumettes.	Tu as besoin d'une boîte de mouchoirs en papier.

18.

Tu as besoin d'une boîte de mouchoirs en papier.	Tu voudrais acheter du Sopalin.
Il te faut un paquet de pansements.	Tu cherches des allumettes.
Tu voudrais acheter du Sopalin.	Tu as besoin d'une pelote de ficelle.
Tu as besoin d'une pelote de ficelle.	Il te faut un paquet de pansements.
Tu cherches des allumettes.	Tu as besoin d'une boîte de mouchoirs en papier.

19.

Tu as besoin d'une boîte de mouchoirs en papier.	Tu as besoin d'épingles de sûreté.
Il te faut un paquet de pansements.	Tu cherches des allumettes.
Tu voudrais acheter du Sopalin.	Il te faut un paquet de pansements.
Tu as besoin d'épingles de sûreté.	Tu voudrais acheter du Sopalin.
Tu cherches des allumettes.	Tu as besoin d'une boîte de mouchoirs en papier.

20.

Tu as besoin d'une boîte de mouchoirs en papier.	Tu voudrais acheter des coton-tiges.
Il te faut un paquet de pansements.	Tu cherches des allumettes.
Tu voudrais acheter des coton-tiges.	Tu as besoin d'une pelote de ficelle.
Tu as besoin d'une pelote de ficelle.	Il te faut un paquet de pansements.
Tu cherches des allumettes.	Tu as besoin d'une boîte de mouchoirs en papier.

Nom _____

Classe _____ Date _____

Discovering
FRENCH
Nouveau!

R O U G E

Bon voyage!

Unité 5, Version A

You and your partner have different halves of the same puzzle. Without looking at your partner's puzzle, help each other fill in the blanks by giving clues you make up. Don't use the actual word and speak only in French!

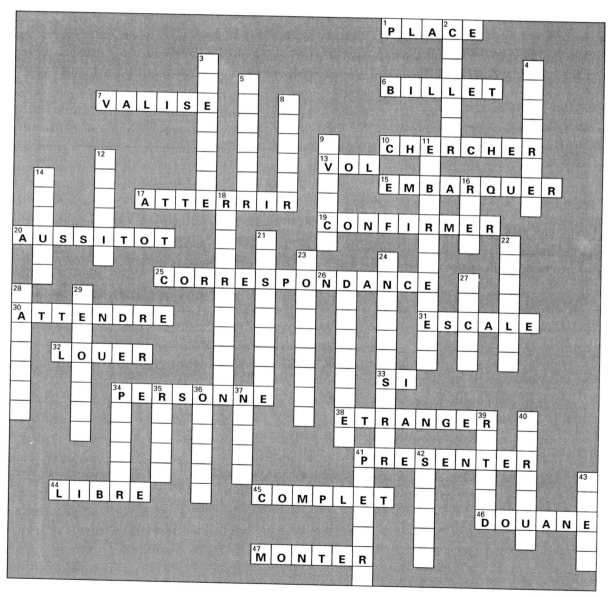

Discovering
FRENCH
Nouveau!

R O U G E

Bon voyage!

Unité 5, Version B

You and your partner have different halves of the same puzzle. Without looking at your partner's puzzle, help each other fill in the blanks by giving clues you make up. Don't use the actual word and speak only in French!

Nom _____

Classe _____ Date _____

Discovering
FRENCH
Nouveau!

R O U G E

Bon voyage!

Unité 5, Version C

Hand out equal numbers of Puzzle A and Puzzle B to students
and have them pair up, A's with B's. They will take turns giving
each other clues they make up without using the actual word,
and speaking only French. Your page, Version C, has the
completed puzzle.

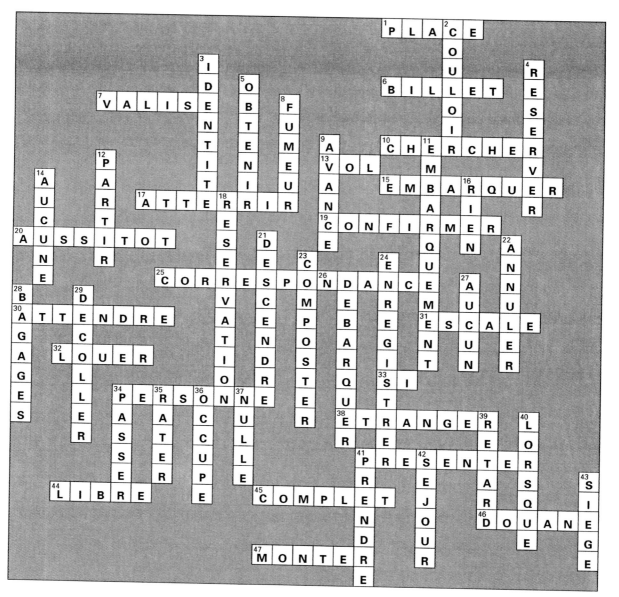

Nom _____

Classe _____ Date _____

Discovering
FRENCH
Nouveau!

R O U G E

Trouver Celui Qui...

Your teacher will give you a secret number that corresponds
to a box on this page. You want to find out who has the other
boxes by asking a student near you, "Est-ce que tu...
(cherches une glace? adores le parfum?" etc.). Write in the
name of the student who has the first box, then go on to
another student until you have filled in all the boxes.

*Imaginez que vous êtes dans la salle d'attente et vous
demandez aux voyageurs ce qu'ils ont fait.*

1	2	3	4
Tu n'as pas présenté les billets	Tu n'as pas acheté les billets de la SNCF	Tu n'as pas pris un vol direct pour venir	Tu n'as pas enregistré tes bagages
5	**6**	**7**	**8**
Tu n'as pas composté ton billet	Tu n'es pas passé(e) par la douane	Tu n'as pas décollé à l'heure	Tu n'as pas atterri en retard la dernière fois
9	**10**	**11**	**12**
Tu n'as pas embarqué immédiatement	Tu n'as pas loué de voiture pour venir me chercher	Tu n'as pas acheté un aller et retour pour Alger	Tu n'as pas confirmé les réservations à Chaumont
13	**14**	**15**	**16**
Tu n'as pas annulé la réservation	Tu n'as pas voyagé en première classe	Tu n'as pas regardé les horaires pour tout vérifier	Tu n'as jamais voyagé en première classe

Nom _____

Classe _____ Date _____

Discovering
FRENCH
Nouveau!

R O U G E

Trouver Celui Qui... *(continued)*

17 Tu n'as pas pris de place près du couloir la dernière fois _____	**18** Tu ne t'es pas présenté(e) en avance au comptoir _____	**19** Tu n'as pas obtenu les cartes d'embarquement _____	**20** Tu n'as pas débarqué à l'aéroport de Roissy _____
21 Tu n'es pas monté(e) dans le train sans attirer l'attention _____	**22** Tu n'as pas attendu longtemps dans la salle d'attente _____	**23** Tu n'as pas attendu longtemps le dernier train _____	**24** Tu n'es pas descendu(e) de l'avion le premier _____
25 Tu n'es pas allé(e) au guichet numéro 15 _____	**26** Tu n'as pas encore cherché tes bagages à la consigne _____	**27** Tu n'as pas regardé le tableau d'affichage _____	**28** Tu n'as pas attendu sur le quai du chemin de fer _____
29 Tu n'as pas trouvé de taxi à la sortie _____	**30** Le réveil n'a pas sonné et tu as raté ton vol _____	**31** Tu n'as pas payé l'amende au contrôleur _____	**32** Tu n'as pas trouvé le composteur _____
33 Tu n'as pas trouvé de place libre pendant cette étape _____	**34** Tu n'as pas attaché ta ceinture de sécurité _____	**35** Dans le wagon non-fumeur, tu as dû t'abstenir de fumer _____	

Discovering
FRENCH
Nouveau!
R O U G E

Et Maintenant...

Maintenant que vous avez trouvé ceux qui n'ont pas fait ces choses, dites qu'ils les FERONT bientôt. Utilisez le FUTUR. Utilisez aussi des pronoms.

1. Raymond présentera les billets à l'hôtesse de l'air avant d'embarquer. _____

2. _____

3. _____

4. _____

5. _____

6. _____

7. _____

8. _____

9. _____

10. _____

11. _____

12. _____

13. _____

14. _____

15. _____

16. _____

17. _____

Et Maintenant... *(continued)*

18. _____

19. _____

20. _____

21. _____

22. _____

23. _____

24. _____

25. _____

26. _____

27. _____

28. _____

29. _____

30. _____

31. _____

32. _____

33. _____

34. _____

35. _____

Jumeaux/Jumelles

Faites le tour de la pièce en demandant (en français!) qui a les mêmes phrases que vous.

1.

Tu devras te rendre à la gare pour acheter un billet.	Tu voudrais faire un séjour à l'étranger.
Tu voudrais un aller et retour Paris - Genève.	Tu devras te rendre à la gare pour acheter un billet.
Tu préfères voyager en deuxième classe.	Tu voudrais une place en section non-fumeur.
Tu voudrais une place en section non-fumeur.	Tu préfères voyager en deuxième classe.
Tu voudrais faire un séjour à l'étranger.	Tu voudrais un aller et retour Paris - Genève.

2.

Tu devras te rendre à la gare pour acheter un billet.	Tu préfères voyager en première classe.
Tu voudrais un aller et retour Paris - Genève.	Tu voudrais une place en section non-fumeur.
Tu préfères voyager en première classe.	Tu voudrais un aller et retour Paris - Genève.
Tu voudrais une place en section non-fumeur.	Tu voudrais faire un séjour à l'étranger.
Tu voudrais faire un séjour à l'étranger.	Tu devras te rendre à la gare pour acheter un billet.

3.

Tu devras te rendre à la gare pour acheter un billet.	Tu voudrais faire un séjour à l'étranger.
Tu voudrais un aller et retour Paris - Genève.	Tu voudrais un aller et retour Paris - Genève.
Tu préfères voyager en deuxième classe.	Tu devras te rendre à la gare pour acheter un billet.
Tu voudrais une place en section non-fumeur.	Tu voudrais une place en section non-fumeur.
Tu voudrais faire un séjour à l'étranger.	Tu préfères voyager en deuxième classe.

4.

Tu devras te rendre à la gare pour acheter un billet.	Tu voudrais un aller simple pour Genève.
Tu voudrais un aller simple pour Genève.	Tu voudrais louer une voiture à Genève.
Tu préfères voyager en deuxième classe.	Tu devras te rendre à la gare pour acheter un billet.
Tu voudrais une place en section non-fumeur.	Tu voudrais une place en section non-fumeur.
Tu voudrais louer une voiture à Genève.	Tu préfères voyager en deuxième classe.

5.

Tu devras aller à la gare pour prendre le train.	Tu devras composter le billet.
Tu arriveras en avance pour ne pas rater le train.	Tu monteras dans le wagon avec tous tes bagages.
Tu devras composter le billet.	Tu devras aller à la gare pour prendre le train.
Tu chercheras une place près du couloir.	Tu chercheras une place près du couloir.
Tu monteras dans le wagon avec tous tes bagages.	Tu arriveras en avance pour ne pas rater le train.

Jumeaux/Jumelles *(continued)*

6.

Tu devras aller à la gare pour prendre le train.	Tu devras composter le billet.
Tu arriveras en avance pour ne pas rater le train.	Tu monteras dans le wagon avec tous tes bagages.
Tu devras composter le billet.	Tu chercheras une place près de la fenêtre.
Tu chercheras une place près de la fenêtre.	Tu devras aller à la gare pour prendre le train.
Tu monteras dans le wagon avec tous tes bagages.	Tu arriveras en avance pour ne pas rater le train.

7.

Tu devras aller à la gare pour prendre le train.	Tu regarderas bien le tableau d'affichage.
Tu arriveras en avance pour ne pas rater le train.	Tu chercheras une place près du couloir.
Tu regarderas bien le tableau d'affichage.	Tu devras composter le billet.
Tu devras composter le billet.	Tu devras aller à la gare pour prendre le train.
Tu chercheras une place près du couloir.	Tu arriveras en avance pour ne pas rater le train.

8.

Tu devras aller à la gare pour prendre le train.	Tu devras composter le billet.
Tu arriveras en avance pour ne pas rater le train.	Tu devras aller à la gare pour prendre le train.
Tu devras composter le billet.	Tu chercheras une place près du couloir.
Tu chercheras le quai numéro 4.	Tu chercheras le quai numéro 4.
Tu chercheras une place près du couloir.	Tu arriveras en avance pour ne pas rater le train.

9.

Tu feras un séjour dans un pays étranger.	Tu prendras le vol direct pour Genève.
Tu prendras le vol direct pour Genève.	Tu as toujours peur pendant le décollage.
Tu enregistreras tes valises en avance.	Tu passeras par la douane.
Tu passeras par la douane.	Tu feras un séjour dans un pays étranger.
Tu as toujours peur pendant le décollage.	Tu enregistreras tes valises en avance.

10.

Tu feras un séjour dans un pays étranger.	Tu enregistreras tes valises en avance.
Tu prendras le vol avec une correspondance à Paris.	Tu as toujours peur pendant le décollage.
Tu enregistreras tes valises en avance.	Tu prendras le vol avec une correspondance à Paris.
Tu passeras par la douane.	Tu passeras par la douane.
Tu as toujours peur pendant le décollage.	Tu feras un séjour dans un pays étranger.

Nom _____

Classe _____ Date _____

Discovering
FRENCH
Nouveau!

ROUGE

Jumeaux/Jumelles *(continued)*

11.

Tu feras un séjour dans un pays étranger. Tu prendras le vol direct pour Genève. Tu enregistreras tes valises en avance. Tu passeras par la douane. Tu es content(e) quand l'avion décolle.	Tu enregistreras tes valises en avance. Tu passeras par la douane. Tu es content(e) quand l'avion décolle. Tu feras un séjour dans un pays étranger. Tu prendras le vol direct pour Genève.

12.

Tu feras un séjour dans un pays étranger. Tu prendras le vol direct pour Genève. Tu enregistreras tes valises en avance. Tu passeras par la douane. Pendant le vol, ta ceinture de sécurité sera attachée.	Tu prendras le vol direct pour Genève. Tu passeras par la douane. Tu enregistreras tes valises en avance. Pendant le vol, ta ceinture de sécurité sera attachée. Tu feras un séjour dans un pays étranger.

13.

Tu iras à l'aéroport pour aller en Suisse. Tu présenteras ton billet de classe économie. Tu enregistreras tes bagages. Tu obtiendras ta carte d'embarquement au comptoir. Tu passeras le contrôle de sécurité.	Tu présenteras ton billet de classe économie. Tu obtiendras ta carte d'embarquement au comptoir. Tu enregistreras tes bagages. Tu iras à l'aéroport pour aller en Suisse. Tu passeras le contrôle de sécurité.

14.

Tu iras à l'aéroport pour aller en Suisse. Tu présenteras ton billet de classe économie. Tu te présenteras à la porte de départ. Tu obtiendras ta carte d'embarquement au comptoir. Tu passeras le contrôle de sécurité.	Tu obtiendras ta carte d'embarquement au comptoir. Tu présenteras ton billet de classe économie. Tu te présenteras à la porte de départ. Tu passeras le contrôle de sécurité. Tu iras à l'aéroport pour aller en Suisse.

15.

Tu iras à l'aéroport pour aller en Suisse. Tu présenteras ton billet de classe économie. Tu obtiendras ta carte d'embarquement au comptoir. Tu passeras le contrôle de sécurité. Tu prendras un vol direct pour Genève. Tu iras à l'aéroport pour aller en Suisse.	Tu prendras un vol direct pour Genève. Tu présenteras ton billet de classe économie. Tu passeras le contrôle de sécurité. Tu obtiendras ta carte d'embarquement au comptoir.

Nom _____

Classe _____ Date _____

Discovering
FRENCH
Nouveau!

R O U G E

Jumeaux/Jumelles *(continued)*

16.

Tu iras à l'aéroport pour aller en Suisse. Tu présenteras ton billet de classe économie. Tu obtiendras ta carte d'embarquement au comptoir. Tu passeras le contrôle de sécurité.	Tu obtiendras ta carte d'embarquement au comptoir. Tu passeras le contrôle de sécurité. Tu présenteras ton billet de classe économie. Tu iras à l'aéroport pour aller en Suisse.

17.

Tu voudrais réserver une place en classe économie. Tu préférerais une place près du couloir. Le vol est direct pour Dakar, Sénégal. Tu te présenteras à l'hôtesse de l'air. Tu ne trouveras pas tes valises à la livraison des bagages!	Tu préférerais une place près du couloir. Le vol est direct pour Dakar, Sénégal. Tu te présenteras à l'hôtesse de l'air. Tu voudrais réserver une place en classe économie. Tu ne trouveras pas tes valises à la livraison des bagages!

18.

À l'agence de voyages, tu confirmeras ta réservation. Tu préférerais une place près du couloir. Le vol est direct pour Dakar, Sénégal. Tu te présenteras à l'hôtesse de l'air. Tu ne trouveras pas tes valises à la livraison des bagages!	Le vol est direct pour Dakar, Sénégal. Tu préférerais une place près du couloir. Tu ne trouveras pas tes valises à la livraison des bagages! Tu te présenteras à l'hôtesse de l'air. À l'agence de voyages, tu confirmeras ta réservation.

19.

Tu voudrais réserver une place en classe économie. Tu préférerais une place près du couloir. Le vol est direct pour Dakar, Sénégal. Tu te présenteras en avance au comptoir. Tu ne trouveras pas tes valises à la livraison des bagages!	Tu préférerais une place près du couloir. Tu voudrais réserver une place en classe économie. Le vol est direct pour Dakar, Sénégal. Tu te présenteras en avance au comptoir. Tu ne trouveras pas tes valises à la livraison des bagages!

20.

Tu voudrais réserver une place en classe économie. Tu préférerais une place près du couloir. Le vol est direct pour Dakar, Sénégal. Tu regarderas souvent les horaires pour tout vérifier. Tu ne trouveras pas tes valises à la livraison des bagages!	Le vol est direct pour Dakar, Sénégal. Tu préférerais une place près du couloir. Tu regarderas souvent les horaires pour tout vérifier. Tu voudrais réserver une place en classe économie. Tu ne trouveras pas tes valises à la livraison des bagages!

Nom ___

Classe ___ Date ___

Discovering
FRENCH
Nouveau!

R O U G E

Séjour en France

Unité 6, Version A

You and your partner have different halves of the same puzzle. Without looking at your partner's puzzle, help each other fill in the blanks by giving clues you make up. Don't use the actual word and speak only in French!

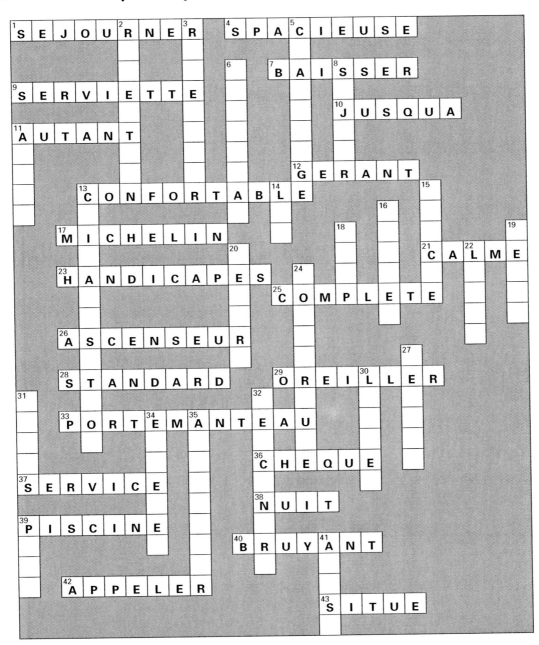

Nom _____

Classe _____ Date _____

Discovering
FRENCH
Nouveau!

ROUGE

Séjour en France

Unité 6, Version B

You and your partner have different halves of the same puzzle. Without looking at your partner's puzzle, help each other fill in the blanks by giving clues you make up. Don't use the actual word and speak only in French!

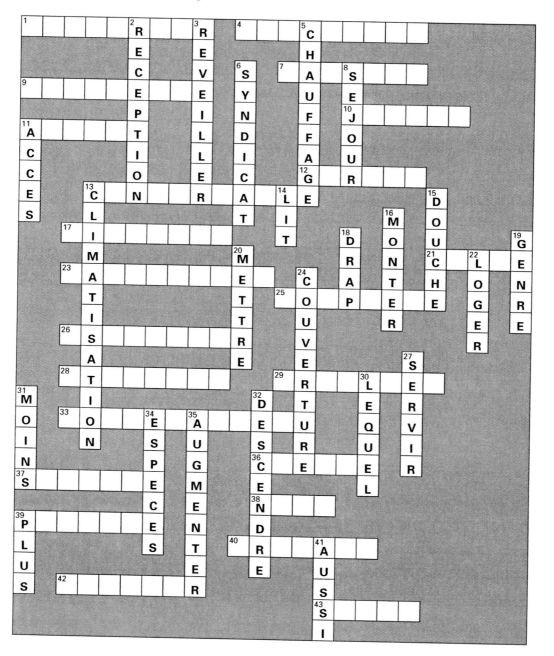

Nom _____

Classe _____ Date _____

Discovering
FRENCH
Nouveau!

R O U G E

Séjour en France

Unité 6, Version C

Hand out equal numbers of Puzzle A and Puzzle B to students and have them pair up, A's with B's. They will take turns giving each other clues they make up without using the actual word, and speaking only French. Your page, Version C, has the completed puzzle.

Nom _____

Classe _____ Date _____

Discovering
FRENCH
Nouveau!

R O U G E

Trouver Celui Qui Voudrait...

Your teacher will give you a secret number that corresponds to a box on this page. You want to find out who has the other boxes by asking a student near you, "Est-ce que tu... (cherches une glace? adores le parfum?" etc.). Write in the name of the student who has the first box, then go on to another student until you have filled in all the boxes.

1 loger dans un hôtel de luxe pour huit jours	2 réserver une chambre pour trois nuits	3 passer la nuit dans une petite auberge	4 séjourner dans un hôtel bon marché
5 réserver une chambre à deux lits	6 séjourner dans une auberge de jeunesse	7 avoir une chambre avec salle de bains	8 payer l'hôtel en espèces
9 payer l'auberge par chèque	10 avoir une chambre plus spacieuse pour un homme d'affaires	11 avoir une chambre moins bruyante	12 payer la pension complète
13 savoir combien coûte la demi-pension	14 savoir si l'hôtel a un accès pour personnes handicapées	15 payer avec des chèques de voyage	16 payer avec une carte de crédit

Nom _____

Classe _____ Date _____

Discovering
FRENCH
Nouveau!

R O U G E

Trouver Celui Qui Voudrait... *(continued)*

17	**18**	**19**	**20**
rester quatre nuits à Strasbourg	une chambre à un grand lit	savoir si la chambre a une belle vue de la plage	utiliser un réveil pour se lever tôt
21	**22**	**23**	**24**
réserver une chambre avec douche	savoir s'il y a la climatisation	demander au standard de le/la réveiller à sept heures	demander au gérant de préparer la note
25	**26**	**27**	**28**
demander à la réceptionniste si le petit déjeuner est compris	dire à la femme de chambre d'apporter un oreiller	dire au garçon de descendre ses bagages	dire à la femme de chambre qu'il n'y a pas de porte-manteau
29	**30**	**31**	**32**
dire qu'il/elle a besoin de serviettes	dire qu'il/elle veut qu'ils augmentent le chauffage	demander qu'ils baissent le chauffage	demander qu'on mette le chauffage
33	**34**	**35**	
demander une couverture supplémentaire	dire au garçon de monter les bagages	dire à la femme de chambre d'apporter un autre drap	

Nom _____

Classe _____ Date _____

Discovering
FRENCH
Nouveau!

R O U G E

Et Maintenant...

Maintenant que vous avez trouvé ceux qui voudraient faire ces choses, écrivez leur nom et donnez leur raison en utilisant PLUS, MOINS, AUSSI, AUTANT.

1. Nicole _____ voudrait loger dans un hôtel de luxe car c'est plus confortable que les hôtels bon marché.

2. _____ voudrait réserver une chambre pour trois nuits car _____

3. _____ voudrait passer la nuit dans une petite auberge car _____

4. _____ voudrait séjourner dans un hôtel bon marché car _____

5. _____ voudrait réserver une chambre à deux lits car _____

6. _____ voudrait séjourner dans une auberge de jeunesse car_____

7. _____ voudrait avoir une chambre avec salle de bains car _____

8. _____ voudrait payer l'hôtel en espèces car _____

9. _____ voudrait payer l'auberge par chèque car _____

10. _____ voudrait avoir une chambre plus spacieuse car _____

11. _____ voudrait avoir une chambre moins bruyante car _____

12. _____ voudrait payer la pension complète car _____

13. _____ voudrait savoir combien coûte la demi-pension car _____

14. _____ voudrait un hôtel avec un accès pour personnes handicapées car _____
_____

15. _____ voudrait payer avec des chèques de voyage car _____

16. _____ voudrait payer avec une carte de crédit car _____

Nom _____

Classe _____ Date _____

Discovering
FRENCH
Nouveau!

R O U G E

Et Maintenant... *(continued)*

17. _____ compte rester quatre nuits à Strasbourg car _____

18. _____ désire une chambre à un grand lit car_____

19. _____ voudrait avoir une belle vue de la plage car _____

20. _____ utilise un réveil pour se lever tôt car _____

21. _____ voudrait réserver une chambre avec douche car_____

22. _____ voudrait avoir la climatisation car _____

23. _____ voudrait demander au standard de le/la réveiller à sept heures car _____

24. _____ demande au gérant de préparer la note car_____

25. _____ demande à la réceptionniste si le petit déjeuner est compris car _____

_____

26. _____ dit à la femme de chambre d'apporter un oreiller car _____

27. _____ dit au garçon de descendre ses bagages car _____

28. _____ voudrait des porte-manteaux car _____

29. _____ a besoin de serviettes car _____

30. _____ voudrait qu'ils augmentent le chauffage car _____

31. _____ demande qu'ils baissent le chauffage car _____

32. _____ voudrait qu'on mette le chauffrage car _____

33. _____ demande une couverture supplémentaire car _____

34. _____ dit au garçon de monter les bagages car_____

35. _____ dit à la femme de chambre d'apporter un autre drap car _____

Jumeaux/Jumelles

Faites le tour de la pièce en demandant (en français!) qui a les mêmes phrases que vous.

1.

Tu voudrais loger dans un hôtel bon marché.	Tu voudrais avoir une chambre avec douche.
Tu cherches une chambre à deux lits.	Tu ne voudrais pas de chambre bruyante.
Tu voudrais avoir une chambre avec douche.	Tu voudrais loger dans un hôtel bon marché.
Tu ne voudrais pas de chambre bruyante.	Tu préférerais une chambre avec une belle vue.
Tu préférerais une chambre avec une belle vue.	Tu cherches une chambre à deux lits.

2.

Tu voudrais loger dans un hôtel bon marché.	Tu voudrais avoir une chambre avec douche.
Tu cherches une chambre à deux lits.	Tu préférerais une chambre avec une belle vue.
Tu voudrais avoir une chambre avec douche.	Tu cherches une chambre à deux lits.
Tu pourrais payer en espèces.	Tu voudrais loger dans un hôtel bon marché.
Tu préférerais une chambre avec une belle vue.	Tu pourrais payer en espèces.

3.

Tu voudrais loger dans un hôtel bon marché.	Tu cherches une chambre à deux lits.
Tu cherches une chambre à deux lits.	Tu paierais avec une carte de crédit.
Tu voudrais avoir une chambre avec douche.	Tu voudrais loger dans un hôtel bon marché.
Tu paierais avec une carte de crédit.	Tu préférerais une chambre avec une belle vue.
Tu préférerais une chambre avec une belle vue.	Tu voudrais avoir une chambre avec douche.

4.

Tu voudrais loger dans un hôtel bon marché.	Tu cherches une chambre à deux lits.
Tu cherches une chambre à deux lits.	Tu préférerais une chambre avec une belle vue.
Tu voudrais avoir une chambre avec douche.	Tu auras besoin d'un oreiller supplémentaire.
Tu auras besoin d'un oreiller supplémentaire.	Tu voudrais avoir une chambre avec douche.
Tu préférerais une chambre avec une belle vue.	Tu voudrais loger dans un hôtel bon marché.

5.

Tu voudrais loger dans un hôtel bon marché.	Tu cherches une chambre à deux lits.
Tu cherches une chambre à deux lits.	Tu préférerais une chambre avec une belle vue.
Tu voudrais une chambre avec salle de bains.	Tu ne voudrais pas de chambre bruyante.
Tu ne voudrais pas de chambre bruyante.	Tu voudrais loger dans un hôtel bon marché.
Tu préférerais une chambre avec une belle vue.	Tu voudrais une chambre avec salle de bains.

Nom

Classe _____ Date _____

Discovering
FRENCH
Nouveau!

R O U G E

Jumeaux/Jumelles (continued)

6.

Tu voudrais loger dans un hôtel bon marché.	Tu préférerais une chambre avec un balcon.
Tu cherches une chambre à deux lits.	Tu ne voudrais pas de chambre bruyante.
Tu voudrais avoir une chambre avec douche.	Tu cherches une chambre à deux lits.
Tu ne voudrais pas de chambre bruyante.	Tu voudrais loger dans un hôtel bon marché.
Tu préférerais une chambre avec un balcon.	Tu voudrais avoir une chambre avec douche.

7.

Tu voudrais loger dans une auberge.	Tu ne voudrais pas de chambre bruyante.
Tu cherches une chambre à deux lits.	Tu préférerais une chambre avec une belle vue.
Tu voudrais avoir une chambre avec douche.	Tu cherches une chambre à deux lits.
Tu ne voudrais pas de chambre bruyante.	Tu vondrais avoir une chambre avec douche.
Tu préférerais une chambre avec une belle vue.	Tu voudrais loger dans une auberge.

8.

Tu voudrais loger dans une auberge.	Tu voudrais loger dans une auberge.
Tu cherches une chambre à deux lits.	Tu voudrais avoir une chambre avec douche.
Tu voudrais avoir une chambre avec douche.	Tu préférerais une chambre avec une belle vue.
Tu ne voudrais pas de chambre bruyante.	Tu ne voudrais pas de chambre bruyante.
Tu préférerais une chambre avec une belle vue.	Tu cherches une chambre à deux lits.

9.

Tu voudrais loger dans une auberge.	Tu voudrais loger dans une auberge.
Tu cherches une chambre à deux lits.	Tu préférerais une chambre avec une belle vue.
Tu voudrais avoir une chambre avec douche.	Tu voudrais avoir une chambre avec douche.
Tu pourrais payer en espèces.	Tu pourrais payer en espèces.
Tu préférerais une chambre avec une belle vue.	Tu cherches une chambre à deux lits.

10.

Tu voudrais loger dans une auberge.	Tu voudrais loger dans une auberge.
Tu cherches une chambre à deux lits.	Tu voudrais avoir une chambre avec douche.
Tu voudrais avoir une chambre avec douche.	Tu paierais avec une carte de crédit.
Tu paierais avec une carte de crédit.	Tu préférerais une chambre avec une belle vue.
Tu préférerais une chambre avec une belle vue.	Tu cherches une chambre à deux lits.

Nom _____

Classe _____ Date _____

Discovering
FRENCH
Nouveau!

ROUGE

Jumeaux/Jumelles (continued)

11.

Tu voudrais loger dans une auberge.	Tu voudrais loger dans une auberge.
Tu cherches une chambre à deux lits.	Tu préférerais une chambre avec une belle vue.
Tu voudrais avoir une chambre avec douche.	Tu auras besoin d'un oreiller supplémentaire.
Tu auras besoin d'un oreiller supplémentaire.	Tu cherches une chambre à deux lits.
Tu préférerais une chambre avec une belle vue.	Tu voudrais avoir une chambre avec douche.

12.

Tu voudrais loger dans une auberge.	Tu voudrais loger dans une auberge.
Tu cherches une chambre à deux lits.	Tu voudrais une chambre avec salle de bains.
Tu voudrais une chambre avec salle de bains.	Tu préférerais une chambre avec une belle vue.
Tu ne voudrais pas de chambre bruyante.	Tu ne voudrais pas de chambre bruyante.
Tu préférerais une chambre avec une belle vue.	Tu cherches une chambre à deux lits.

13.

Tu voudrais loger dans une auberge.	Tu voudrais loger dans une auberge.
Tu cherches une chambre à deux lits.	Tu préférerais une chambre avec un balcon.
Tu voudrais avoir une chambre avec douche.	Tu ne voudrais pas de chambre bruyante.
Tu ne voudrais pas de chambre bruyante.	Tu cherches une chambre à deux lits.
Tu préférerais une chambre avec un balcon.	Tu voudrais avoir une chambre avec douche.

14.

Tu aimerais séjourner dans un hôtel de luxe.	Tu aimerais séjourner dans un hôtel de luxe.
Tu choisirais une chambre avec la climatisation.	Tu voudrais une chambre avec une salle de bains.
Tu voudrais une chambre avec une salle de bains.	Il faudra que le standard te réveille à sept heures.
Tu paierais par chèque.	Tu choisirais une chambre avec la climatisation.
Il faudra que le standard te réveille à sept heures.	Tu paierais par chèque.

15.

Tu aimerais séjourner dans un hôtel de luxe.	Tu aimerais séjourner dans un hôtel de luxe.
Tu choisirais une chambre avec la climatisation.	Tu voudrais une chambre avec une salle de bains.
Tu voudrais une chambre avec une salle de bains.	Il faudra que le standard te réveille à sept heures.
Il faudra que le standard te réveille à sept heures.	Tu paierais avec une carte de crédit.
Tu paierais avec une carte de crédit.	Tu choisirais une chambre avec la climatisation.

Nom _____

Classe _____ Date _____

Discovering
FRENCH
Nouveau!

R O U G E

Jumeaux/Jumelles *(continued)*

16.

Tu aimerais séjourner dans un hôtel de luxe.	Tu aimerais séjourner dans un hôtel de luxe.
Tu choisirais une chambre avec la climatisation.	Il faudra que le standard te réveille à sept heures.
Tu voudrais une chambre avec une salle de bains.	Tu voudrais une chambre avec une salle de bain.
Tu paierais en espèces.	Tu choisirais une chambre avec la climatisation.
Il faudra que le standard te réveille à sept heures.	Tu paierais en espèces.

17.

Tu aimerais séjourner dans un hôtel de luxe.	Tu aimerais séjourner dans un hôtel de luxe.
Tu choisirais une chambre avec la climatisation.	Il faudra que le standard te réveille à huit heures.
Tu voudrais une chambre avec une salle de bains.	Tu paierais avec une carte de crédit.
Tu paierais avec une carte de crédit.	Tu choisirais une chambre avec la climatisation.
Il faudra que le standard te réveille à huit heures.	Tu voudrais une chambre avec une salle de bains.

18.

Tu aimerais séjourner dans un hôtel de luxe.	Tu aimerais séjourner dans un hôtel de luxe.
Tu choisirais une chambre spacieuse et confortable.	Tu voudrais une chambre avec une salle de bains.
Tu voudrais une chambre avec une salle de bains.	Il faudra que le standard te réveille à sept heures.
Tu paierais avec une carte de crédit.	Tu choisirais une chambre spacieuse et confortable.
Il faudra que le standard te réveille à sept heures.	Tu paierais avec une carte de crédit.

19.

Tu aimerais séjourner dans un hôtel de luxe.	Tu aimerais séjourner dans un hôtel de luxe.
Tu choisirais une chambre avec la climatisation.	Tu voudrais une chambre avec une salle de bains.
Tu voudrais une chambre avec une salle de bains.	Il faudra que le standard te réveille à sept heures.
Tu paierais la pension complète.	Tu paierais la pension complète.
Il faudra que le standard te réveille à sept heures.	Tu choisirais une chambre avec la climatisation.

20.

Tu aimerais séjourner dans un hôtel de luxe.	Tu aimerais séjourner dans un hôtel de luxe.
Tu choisirais une chambre avec la climatisation.	Tu voudrais une chambre avec une salle de bains.
Tu voudrais une chambre avec une salle de bains.	Il faudra que le standard te réveille à sept heures.
Tu auras besoin de beaucoup de porte-manteaux.	Tu choisirais une chambre avec la climatisation.
Il faudra que le standard te réveille à sept heures.	Tu auras besoin de beaucoup de porte-manteaux.

Nom _____

Classe _____ Date _____

Discovering
FRENCH
Nouveau!

R O U G E

La santé

Unité 7, Partie 1, Version A

You and your partner have different halves of the same
puzzle. Without looking at your partner's puzzle, help each
other fill in the blanks by giving clues you make up. Don't use
the actual word and speak only in French!

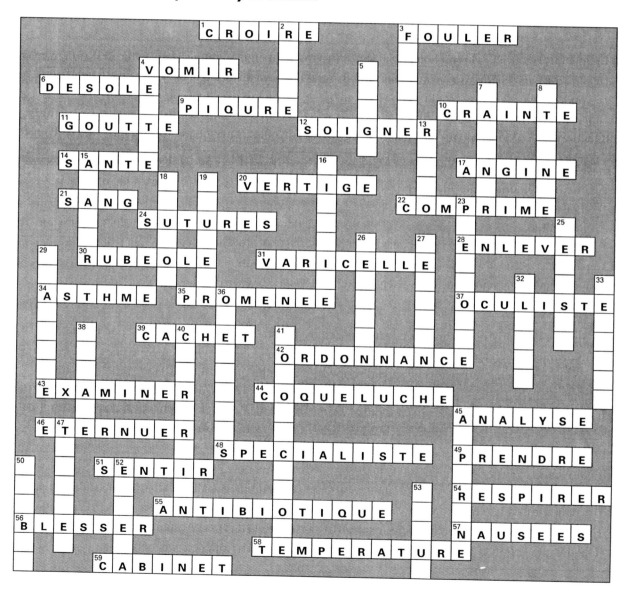

Discovering FRENCH *Nouveau!*

R O U G E

La santé

Unité 7, Partie 1, Version B

**You and your partner have different halves of the same
puzzle. Without looking at your partner's puzzle, help each
other fill in the blanks by giving clues you make up. Don't use
the actual word and speak only in French!**

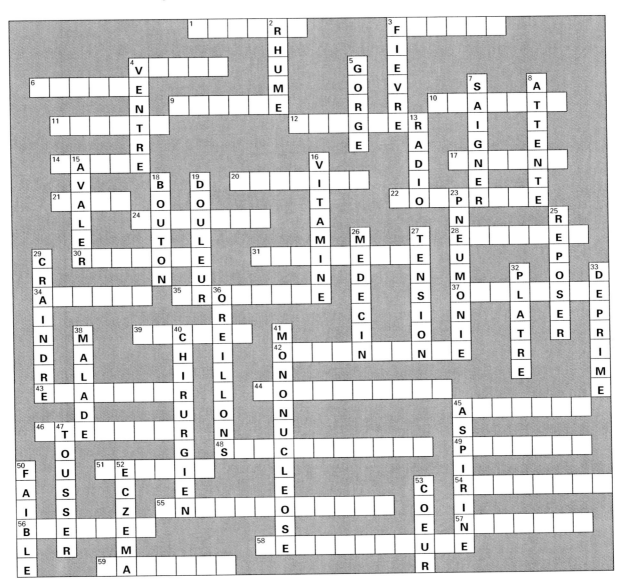

La santé

Unité 7, Partie 1, Version C

Hand out equal numbers of Puzzle A and Puzzle B to students
and have them pair up, A's with B's. They will take turns giving
each other clues they make up without using the actual word,
and speaking only French. Your page, Version C, has the
completed puzzle.

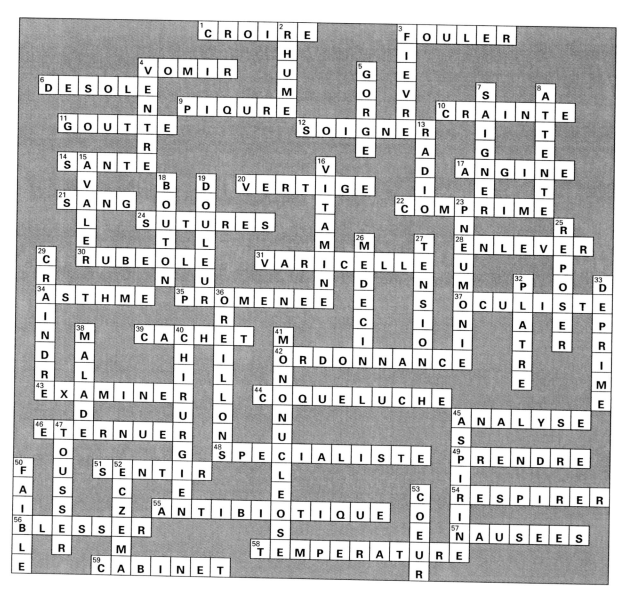

Nom _____

Classe _____ Date _____

Discovering
FRENCH
Nouveau!

R O U G E

Les accidents

Unité 7, Partie 2, Version A

You and your partner have different halves of the same puzzle. Without looking at your partner's puzzle, help each other fill in the blanks by giving clues you make up. Don't use the actual word and speak only in French!

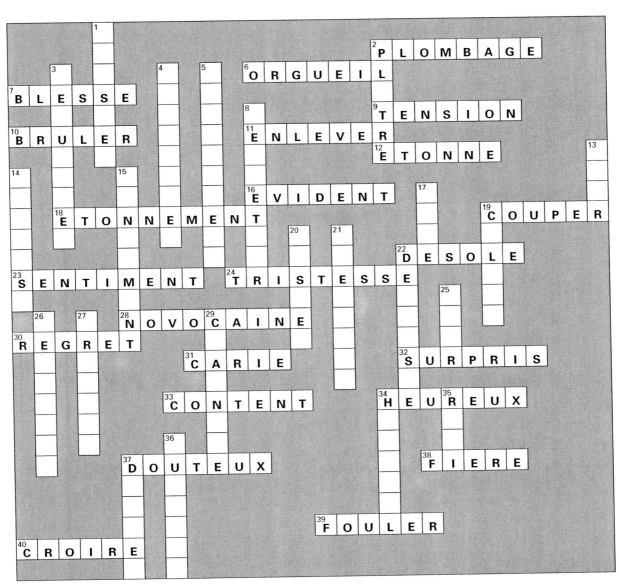

Les accidents

Unité 7, Partie 2, Version B

You and your partner have different halves of the same
puzzle. Without looking at your partner's puzzle, help each
other fill in the blanks by giving clues you make up. Don't use
the actual word and speak only in French!

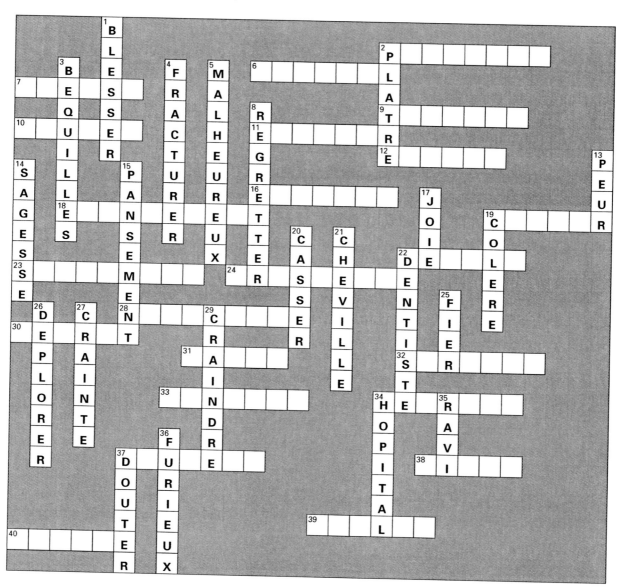

Nom _____

Classe _____ Date _____

Discovering
FRENCH
Nouveau!

R O U G E

Les accidents

Unité 7, Partie 2, Version C

Hand out equal numbers of Puzzle A and Puzzle B to students and have them pair up, A's with B's. They will take turns giving each other clues they make up without using the actual word, and speaking only French. Your page, Version C, has the completed puzzle.

Crossword answers:
- 1 BLESSER (down)
- 2 PLOMBAGE (across)
- 3 BRISQUILLER
- 4 FRACTURE
- 5 MALHEUREUX
- 6 ORGUEIL (across)
- 7 BLESSE (across)
- 8 RG
- 9 TENSION (across)
- 10 BRULER (across)
- 11 ENLEVER (across)
- 12 ETONNE (across)
- 13 PEUR
- 14 SAGESSE
- 15 PARURE
- 16 EVIDENT (across)
- 17 JOIE
- 18 ETONNEMENT (across)
- 19 COUPER (across)
- 20 CEA
- 21 CHAILLE
- 22 DESOLE (across)
- 23 SENTIMENT (across)
- 24 TRISTESSE (across)
- 25 FIERE
- 26 DPLORER
- 27 CAINTE
- 28 NOVOCAINE (across)
- 29 CRIER
- 30 REGRET (across)
- 31 CARIE (across)
- 32 SURPRIS (across)
- 33 CONTENT (across)
- 34 HEUREUX (across)
- 35 RAVE
- 36 FRIEUX
- 37 DOUTEUX (across)
- 38 FIERE (across)
- 39 FOULER (across)
- 40 CROIRE (across)

Trouver Celui Qui...

Your teacher will give you a secret number that corresponds to a box on this page. You want to find out who has the other boxes by asking a student near you, "Est-ce que tu... (cherches une glace? adores le parfum?" etc.). Write in the name of the student who has the first box, then go on to another student until you have filled in all the boxes.

Vous êtes dans la salle d'attente du cabinet du médecin. Découvrez ce que les autres malades ont.

1 vous avez de la fièvre	**2** vous êtes en bonne santé	**3** vous vous sentez mal avec ces béquilles	**4** vous avez un plâtre à la jambe
5 vous vous portez bien	**6** vous avez eu la rougeole	**7** vous avez une douleur dans le cou	**8** vous avez un rhume
9 vous toussez beaucoup	**10** vous avez mal au coeur	**11** vous avez mal à la gorge	**12** vous êtes enrhumé(e) depuis un mois
13 vous avez des boutons partout	**14** vous avez des nausées depuis hier	**15** vous éternuez vingt fois par jour	**16** vous saignez souvent du nez

Nom _____

Classe _____ Date _____

Discovering
FRENCH
Nouveau!

R O U G E

Trouver Celui Qui... *(continued)*

17 vous avez mal au ventre _____	**18** vous avez vomi pendant la nuit _____	**19** vous avez de l'eczéma _____	**20** vous avez eu la varicelle _____
21 vous avez eu la rubéole _____	**22** vous avez une angine depuis quatre jours _____	**23** vous souffrez d'une bronchite _____	**24** vous avez de l'asthme depuis l'âge de 5 ans _____
25 vous avez eu la mononucléose _____	**26** vous êtes anémique _____	**27** vous souffrez d'une pneumonie _____	**28** vous vous soignez avec ces comprimés _____
29 vous avez les oreillons _____	**30** vous avez mal aux dents à cause d'une carie _____	**31** vous êtes allergique à quelque chose _____	**32** vous avez une indigestion _____
33 vous avez la coqueluche _____	**34** vous souffrez du rhume des foins _____	**35** vous avez une fracture au bras _____	

Nom _____

Classe _____ Date _____

Discovering
FRENCH
Nouveau!
R O U G E

Et Maintenant...

Maintenant que vous avez trouvé ceux qui ont ces symptômes, écrivez leur nom et dites ce que le docteur dira ou fera pendant l'examen médical.

1. Le médecin prendra votre température, il fera une analyse de sang et il écrira une ordonnance.

2. Il vous dira de continuer comme vous faites pour être en bonne santé l'année prochaine.

3. _____

4. _____

5. _____

6. _____

7. _____

8. _____

9. _____

10. _____

11. _____

12. _____

13. _____

14. _____

15. _____

16. _____

17. _____

Et Maintenant... *(continued)*

18. _____

19. _____

20. _____

21. _____

22. _____

23. _____

24. _____

25. _____

26. _____

27. _____

28. _____

29. _____

30. _____

31. _____

32. _____

33. _____

34. _____

35. _____

Jumeaux/Jumelles

**Vous êtes dans la salle d'attente du cabinet du médecin.
Cherchez votre jumeau/jumelle. Faites le tour de la pièce en
demandant (en français!) qui a les mêmes phrases que vous.**

1.

Tu as toussé toute la nuit. Tu es fatigué(e) et faible. Tu as de la fièvre depuis hier. Tu crois qu'ils vont te faire une analyse de sang. Tu as mal à la gorge depuis quatre jours.	Tu as mal à la gorge depuis quatre jours. Tu as toussé toute la nuit. Tu as de la fièvre depuis hier. Tu es fatigué(e) et faible. Tu crois qu'ils vont te faire une analyse de sang.

2.

Tu as toussé toute la nuit. Tu as une douleur dans le cou. Tu as de la fièvre depuis hier. Tu crois qu'ils vont te faire une analyse de sang. Tu as mal à la gorge depuis quatre jours.	Tu as mal à la gorge depuis quatre jours. Tu as de la fièvre depuis hier. Tu as toussé toute la nuit. Tu as une douleur dans le cou. Tu crois qu'ils vont te faire une analyse de sang.

3.

Tu as envie de vomir. Tu es fatigué(e) et faible. Tu as de la fièvre depuis hier. Tu crois qu'ils vont te faire une analyse de sang. Tu as mal à la gorge depuis quatre jours.	Tu crois qu'ils vont te faire une analyse de sang. Tu as envie de vomir. Tu as de la fièvre depuis hier. Tu as mal à la gorge depuis quatre jours. Tu es fatigué(e) et faible.

4.

Tu as toussé toute la nuit. Tu crois qu'ils vont te faire une analyse de sang. Tu as des vertiges. Tu as mal à la gorge depuis quatre jours. Tu ne te sens pas bien depuis quatre jours.	Tu as des vertiges. Tu as toussé toute la nuit. Tu crois qu'ils vont te faire une analyse de sang. Tu as mal à la gorge depuis quatre jours. Tu ne te sens pas bien depuis quatre jours.

5.

Tu as éternué toute la journée. Tu crois qu'ils vont te faire une analyse de sang. Tu as de la fièvre depuis hier. Tu saignes du nez. Tu as mal à la gorge depuis quatre jours.	Tu as de la fièvre depuis hier. Tu crois qu'ils vont te faire une analyse de sang. Tu as éternué toute la journée. Tu as mal à la gorge depuis quatre jours. Tu saignes du nez.

Nom _____

Classe _____ Date _____

Discovering
FRENCH
Nouveau!

R O U G E

Jumeaux/Jumelles *(continued)*

6.

Tu as toussé toute la nuit.	Tu as du mal à avaler.
Tu as du mal à avaler.	Tu crois qu'ils vont te faire une analyse de sang.
Tu as de la fièvre depuis hier.	Tu as de la fièvre depuis hier.
Tu crois qu'ils vont te faire une analyse de sang.	Tu as toussé toute la nuit.
Tu as mal à la gorge depuis quatre jours.	Tu as mal à la gorge depuis quatre jours.

7.

Tu ne te sens pas bien depuis quatre jours.	Tu éternues tout le temps.
Tu éternues tout le temps.	Tu as mal à l'oreille depuis quatre jours.
Tu as des vertiges depuis ce matin.	Tu as des vertiges depuis ce matin.
Tu as peur qui ils te fassent une piqûre.	Tu ne te sens pas bien depuis quatre jours.
Tu as mal à l'oreille depuis quatre jours.	Tu as peur qui ils te fassent une piqûre.

8.

Tu ne te sens pas bien depuis quatre jours.	Tu as des vertiges depuis ce matin.
Tu éternues tout le temps.	Tu ne te sens pas bien depuis quatre jours.
Tu as des vertiges depuis ce matin.	Tu as peur qui ils te fassent une piqûre.
Tu as peur qui ils te fassent une piqûre.	Tu éternues tout le temps.
Tu as mal au coeur maintenant.	Tu as mal au coeur maintenant.

9.

Tu ne te sens pas bien depuis quatre jours.	Tu as des vertiges depuis ce matin.
Tu éternues tout le temps.	Tu as mal au ventre depuis trois jours.
Tu as des vertiges depuis ce matin.	Tu éternues tout le temps.
Tu as peur qui ils te fassent une piqûre.	Tu ne te sens pas bien depuis quatre jours.
Tu as mal au ventre depuis trois jours.	Tu as peur qui ils te fassent une piqûre.

10.

Tu ne te sens pas bien depuis quatre jours.	Tu éternues tout le temps.
Tu éternues tout le temps.	Tu as de la fièvre depuis deux jours.
Tu as des vertiges depuis ce matin.	Tu as peur qui ils te fassent une piqûre.
Tu as peur qui ils te fassent une piqûre.	Tu ne te sens pas bien depuis quatre jours.
Tu as de la fièvre depuis deux jours.	Tu as des vertiges depuis ce matin.

Nom _____

Classe _____ Date _____

Discovering
FRENCH
Nouveau!

R O U G E

Jumeaux/Jumelles *(continued)*

11.

Tu ne te sens pas bien depuis quatre jours. Tu éternues tout le temps. Tu as des vertiges depuis ce matin. Tu as peur qui ils te fassent une piqûre. Tu vomis depuis quatre jours.	Tu as des vertiges depuis ce matin. Tu éternues tout le temps. Tu vomis depuis quatre jours. Tu ne te sens pas bien depuis quatre jours. Tu as peur qui ils te fassent une piqûre.

12.

Tu ne te portes pas bien depuis une semaine. Tu as des boutons bizarres. Tu as mal aux yeux. Tu as une douleur dans le dos. Tu crois qu'ils vont te donner une ordonnance.	Tu as mal aux yeux. Tu as une douleur dans le dos. Tu as des boutons bizarres. Tu crois qu'ils vont te donner une ordonnance. Tu ne te portes pas bien depuis une semaine.

13.

Tu ne te portes pas bien depuis une semaine. Tu as des boutons bizarres. Tu as mal aux yeux. Tu as une douleur dans le cou. Tu crois qu'ils vont te donner une ordonnance.	Tu as des boutons bizarres. Tu crois qu'ils vont te donner une ordonnance. Tu as mal aux yeux. Tu ne te portes pas bien depuis une semaine. Tu as une douleur dans le cou.

14.

Tu ne te portes pas bien depuis une semaine. Tu as des boutons bizarres. Tu as de la fièvre depuis hier. Tu as une douleur dans le dos. Tu crois qu'ils vont te donner une ordonnance.	Tu as de la fièvre depuis hier. Tu ne te portes pas bien depuis une semaine. Tu as une douleur dans le dos. Tu crois qu'ils vont te donner une ordonnance. Tu as des boutons bizarres.

15.

Tu ne te portes pas bien depuis une semaine. Tu as des boutons bizarres. Tu es enrhumé(e). Tu as une douleur dans le dos. Tu crois qu'ils vont te donner une ordonnance.	Tu as une douleur dans le dos. Tu as des boutons bizarres. Tu ne te portes pas bien depuis une semaine. Tu crois qu'ils vont te donner une ordonnance. Tu es enrhumé(e).

Nom _____

Classe _____ Date _____

Discovering
FRENCH
Nouveau!

R O U G E

Jumeaux/Jumelles (continued)

16.

Tu ne te portes pas bien depuis une semaine. Tu tousses tout le temps. Tu es enrhumé(e) aussi. Tu as une douleur dans le dos. Tu crois qu'ils vont te donner une ordonnance.	Tu es enrhumé(e) aussi. Tu as une douleur dans le dos. Tu tousses tout le temps. Tu crois qu'ils vont te donner une ordonnance. Tu ne te portes pas bien depuis une semaine.

17.

Tu n'es pas en bonne santé. Tu as des difficultés à respirer. Tu crois qu'ils te donneront un médicament. Tu te sens fatigué(e) et faible. Tu adores ton médecin et tu as confiance en lui.	Tu te sens fatigué(e) et faible. Tu as des difficultés à respirer. Tu adores ton médecin et tu as confiance en lui. Tu crois qu'ils te donneront un médicament. Tu n'es pas en bonne santé.

18.

Tu n'es pas en bonne santé. Tu as des difficultés à avaler. Tu crois qu'ils te donneront un médicament. Tu te sens fatigué(e) et faible. Tu adores ton médecin et tu as confiance en lui.	Tu crois qu'ils te donneront un médicament. Tu te sens fatigué(e) et faible. Tu as des difficultés à avaler. Tu adores ton médecin et tu as confiance en lui. Tu n'es pas en bonne santé.

19.

Tu n'es pas en bonne santé. Tu as des difficultés à respirer. Tu crois qu'ils te donneront un médicament. Tu es enrhumé(e) aussi. Tu adores ton médecin et tu as confiance en lui.	Tu as des difficultés à respirer. Tu adores ton médecin et tu as confiance en lui. Tu es enrhumé(e) aussi. Tu crois qu'ils te donneront un médicament. Tu n'es pas en bonne santé.

20.

Tu n'es pas en bonne santé. Tu as des difficultés à respirer. Tu crois qu'ils te donneront un médicament. Tu te sens fatigué(e) et faible. Tu crains que ton médecin ne te soigne pas bien.	Tu te sens fatigué(e) et faible. Tu crains que ton médecin ne te soigne pas bien. Tu as des difficultés à respirer. Tu crois qu'ils te donneront un médicament. Tu n'es pas en bonne santé.

Nom _____

Classe _____ Date _____

Discovering
FRENCH
Nouveau!

R O U G E

En ville

Unité 8, Version A

You and your partner have different halves of the same
puzzle. Without looking at your partner's puzzle, help each
other fill in the blanks by giving clues you make up. Don't use
the actual word and speak only in French!

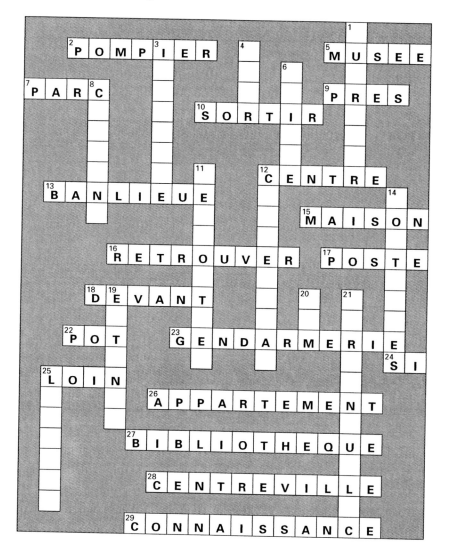

Nom _____

Classe _____ Date _____

Discovering
FRENCH
Nouveau!
R O U G E

En ville

Unité 8, Version B

You and your partner have different halves of the same puzzle. Without looking at your partner's puzzle, help each other fill in the blanks by giving clues you make up. Don't use the actual word and speak only in French!

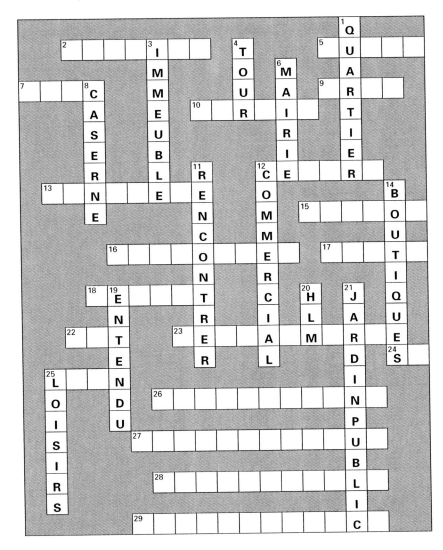

Nom _____

Classe _____ Date _____

Discovering
FRENCH
Nouveau!

R O U G E

En ville

Unité 8, Version C

Hand out equal numbers of Puzzle A and Puzzle B to students
and have them pair up, A's with B's. They will take turns giving
each other clues they make up without using the actual word,
and speaking only French. Your page, Version C, has the
completed puzzle.

Nom _____

Classe _____ Date _____

Discovering
FRENCH
Nouveau!

R O U G E

Trouver Celui Qui...

Your teacher will give you a secret number that corresponds
to a box on this page. You want to find out who has the other
boxes by asking a student near you, "Est-ce que tu...
(cherches une glace? adores le parfum?" etc.). Write in the
name of the student who has the first box, then go on to
another student until you have filled in all the boxes.

1	2	3	4
vous auriez pris un pot dans le centre-ville…	vous auriez rencontré quelqu'un d'intéressant…	vous auriez fait la connaissance de Thierry…	vous auriez eu un rendez-vous avec quelqu'un…
5	**6**	**7**	**8**
vous seriez sorti(e) avec quelqu'un…	vous vous seriez donné rendez-vous à 20 heures…	vous auriez habité un HLM…	vous auriez eu un rendez-vous devant la mairie…
9	**10**	**11**	**12**
vous vous seriez retrouvé(e) devant le ciné à 19h00…	vous vous seriez promené(e) dans le quartier…	vous n'auriez pas été en retard au rendez-vous…	vous seriez allé(e) à la bibliothèque…
13	**14**	**15**	**16**
vous vous seriez rencontré(e)s à la Maison des Jeunes…	vous seriez sorti(e) après le dîner…	vous seriez venu(e) souvent au jardin public…	vous n'auriez pas fait un tour en ville…

Trouver Celui Qui... *(continued)*

17 vous seriez allé(e) au centre de loisirs…	**18** vous n'auriez pas habité un immeuble…	**19** vous n'auriez pas pris de pot…	**20** vous auriez pu vous rencontrer…
21 vous auriez fait sa connaissance…	**22** vous auriez envoyé des lettres par la poste…	**23** vous vous seriez rencontré(e)s à l'heure…	**24** vous vous seriez retrouvé(e)s en ville…
25 vous auriez pu sortir hier soir…	**26** vous auriez appelé les pompiers plus tôt…	**27** vous auriez habité une autre banlieue…	**28** il y aurait eu plus de boutiques…
29 vous auriez appelé la gendarmerie…	**30** vous seriez allé(e) au musée	**31** vous ne vous seriez pas arrêté(e) à la station-service…	**32** vous auriez aimé aller au centre sportif…
33 vous ne seriez pas allé(e) si loin…	**34** vous auriez voulu voir la caserne de pompiers…	**35** vous ne seriez pas arrivé(e) en retard…	

Nom _____

Classe _____ Date _____

Discovering
FRENCH
Nouveau!
R O U G E

Et Maintenant...

Maintenant que vous avez trouvé ceux qui auraient fait ces choses, écrivez leur nom et continuez la phrase en donnant une raison. Utilisez le plus-que-parfait pour cela.

1. Claudine aurait pris un pot dans le centre-ville si elle n'avait pas eu sa leçon de piano. _____

2. _____

3. _____

4. _____

5. _____

6. _____

7. _____

8. _____

9. _____

10. _____

11. _____

12. _____

13. _____

14. _____

15. _____

16. _____

17. _____

Nom _____

Classe _____ Date _____

Discovering
FRENCH
Nouveau!

R O U G E

Et Maintenant... *(continued)*

18. _____

19. _____

20. _____

21. _____

22. _____

23. _____

24. _____

25. _____

26. _____

27. _____

28. _____

29. _____

30. _____

31. _____

32. _____

33. _____

34. _____

35. _____

Nom _____

Classe _____ Date _____

Discovering
FRENCH
Nouveau!

R O U G E

Jumeaux/Jumelles

Trouvez votre jumeau/jumelle qui avait fait les mêmes choses que vous avant "l'événement important".

LINCOLN HIGH SCHOOL
6844 Alexandria Place
Stockton, CA 95207

1.

Avant de partir en vacances, tu t'étais complètement préparé(e). Tu avais acheté ton billet. Tu avais lavé le linge. Tu avais fait tes bagages. Tu avais fait le ménage.	Tu avais fait le ménage. Avant de partir en vacances, tu t'étais complètement préparé(e). Tu avais lavé le linge. Tu avais fait tes bagages. Tu avais acheté ton billet.

2.

Avant de partir en vacances, tu t'étais complètement préparé(e). Tu avais fait tes bagages. Tu avais acheté ton billet. Tu avais fait le ménage. Tu avais dit au revoir à tes amis.	Tu avais fait le ménage. Avant de partir en vacances, tu t'étais complètement préparé(e). Tu avais acheté ton billet. Tu avais dit au revoir à tes amis Tu avais fait tes bagages.

3.

Tu t'étais couché(e) tôt pour être bien reposé(e). Tu avais fait tes bagages. Avant de partir en vacances, tu t'étais complètement préparé(e). Tu avais acheté ton billet. Tu avais dit au revoir à tes amis	Tu avais fait tes bagages. Tu avais dit au revoir à tes amis. Avant de partir en vacances, tu t'étais complètement préparé(e). Tu avais acheté ton billet. Tu t'étais couché(e) tôt pour être bien reposé(e).

4.

Tu avais acheté ton billet. Tu t'étais couché(e) tôt pour être bien reposé(e). Tu avais dit au revoir à tes amis. Tu avais acheté des vêtements neufs. Avant de partir en vacances, tu t'étais complètement préparé(e).	Tu avais acheté des vêtements neufs. Tu t'étais couché(e) tôt pour être bien reposé(e). Tu avais dit au revoir à tes amis. Avant de partir en vacances, tu t'étais complètement préparé(e). Tu avais acheté ton billet.

5.

Tu avais acheté des vêtements neufs. Tu t'étais couché(e) tôt pour être bien reposé(e). Tu avais dit au revoir à tes amis. Avant de partir en vacances, tu t'étais complètement préparé(e). Tu avais gagné assez d'argent.	Tu avais acheté des vêtements neufs. Tu avais gagné assez d'argent. Tu t'étais couché(e) tôt pour être bien reposé(e). Avant de partir en vacances, tu t'étais complètement préparé(e). Tu avais dit au revoir à tes amis.

Jumeaux/Jumelles *(continued)*

6.

Tu étais rentré(e) avant l'orage pour préparer la maison.	Tu étais rentré(e) avant l'orage pour préparer la maison.
Tu avais rangé les chaises du jardin.	Tu avais mis le chien à l'intérieur.
Tu avais mis le chien à l'intérieur.	Tu avais fermé toutes les fenêtres.
Tu avais acheté beaucoup de provisions.	Tu avais rangé les chaises du jardin.
Tu avais fermé toutes les fenêtres.	Tu avais acheté beaucoup de provisions.

7.

Tu étais rentré(e) avant l'orage pour préparer la maison.	Tu étais rentré(e) avant l'orage pour préparer la maison.
Tu avais rangé les chaises du jardin.	Tu avais mis le chien à l'intérieur.
Tu avais mis le chien à l'intérieur.	Tu étais allé(e) au sous-sol.
Tu avais acheté beaucoup de provisions.	Tu avais rangé les chaises du jardin.
Tu étais allé(e) au sous-sol.	Tu avais acheté beaucoup de provisions.

8.

Tu étais rentré(e) avant l'orage pour préparer la maison.	Tu étais rentré(e) avant l'orage pour préparer la maison.
Tu avais rangé les chaises du jardin.	Tu avais mis le chien à l'intérieur.
Tu avais mis le chien à l'intérieur.	Tu avais fermé toutes les fenêtres.
Tu étais allé(e) chez les voisins pour les prévenir.	Tu avais rangé les chaises du jardin.
Tu avais fermé toutes les fenêtres.	Tu étais allé(e) chez les voisins pour les prévenir.

9.

Tu étais rentré(e) avant l'orage pour préparer la maison.	Tu étais rentré(e) avant l'orage pour préparer la maison.
Tu avais rangé les chaises du jardin.	Tu avais mis le chien à l'intérieur.
Tu avais mis le chien à l'intérieur.	Tu avais fermé toutes les fenêtres.
Tu avais acheté beaucoup de provisions.	Tu avais rangé les chaises du jardin.
Tu avais fermé toutes les fenêtres.	Tu avais acheté beaucoup de provisions.

10.

Tu étais rentré(e) avant l'orage pour préparer la maison.	Tu étais rentré(e) avant l'orage pour préparer la maison.
Tu étais descendu(e) à la cave pour chercher la radio.	Tu avais acheté beaucoup de provisions.
Tu avais mis le chien à l'intérieur.	Tu avais fermé toutes les fenêtres.
Tu avais acheté beaucoup de provisions.	Tu avais mis le chien à l'intérieur.
Tu avais fermé toutes les fenêtres.	Tu étais descendu(e) à la cave pour chercher la radio.

Jumeaux/Jumelles *(continued)*

11.

Après l'accident, tu avais été très occupé. La police était venue. L'ambulance était arrivée. Tu avais téléphoné chez tes parents. Les journalistes étaient passés.	Après l'accident, tu avais été très occupé. L'ambulance était arrivée. Les journalistes étaient passés. La police était venue. Tu avais téléphoné chez tes parents.

12.

Après l'accident, tu avais été très occupé. La police était venue. L'ambulance était arrivée. Tu avais téléphoné chez tes parents. Tu avais échangé l'information avec l'autre conducteur.	Après l'accident, tu avais été très occupé. L'ambulance était arrivée. Tu avais échangé l'information avec l'autre conducteur. La police était venue. Tu avais téléphoné chez tes parents.

13.

Après l'accident, tu avais été très occupé. La police était venue. Tu avais répondu à beaucoup de questions. Tu avais téléphoné chez tes parents. Les journalistes étaient passés.	Après l'accident, tu avais été très occupé. Tu avais répondu à beaucoup de questions. Les journalistes étaient passés. La police était venue. Tu avais téléphoné chez tes parents.

14.

Après l'accident, tu avais été très occupé. La police était venue. L'ambulance était arrivée. Tu avais téléphoné à l'agence d'assurance. Les journalistes étaient passés.	Après l'accident, tu avais été très occupé. L'ambulance était arrivée. Les journalistes étaient passés. La police était venue. Tu avais téléphoné à l'agence d'assurance.

15.

Après l'accident, tu avais été très occupé. La police était venue. L'ambulance était arrivée. Tu avais téléphoné chez tes parents. Les journalistes étaient passés.	Après l'accident, tu avais été très occupé. L'ambulance était arrivée. Les journalistes étaient passés. La police était venue. Tu avais téléphoné chez tes parents.

Jumeaux/Jumelles *(continued)*

16.

Avant de rentrer chez toi samedi soir, tu t'étais bien amusé(e).	Avant de rentrer chez toi samedi soir, tu t'étais bien amusé(e).
Tu étais parti(e) de chez toi à dix heures du matin.	Tu avais pris un pot avec eux.
Tu avais retrouvé tes amis au café.	Tu étais parti(e) de chez toi à dix heures du matin.
Tu avais pris un pot avec eux.	Tu étais allé(e) au cinéma.
Tu étais allé(e) au cinéma.	Tu avais retrouvé tes amis au café.

17.

Avant de rentrer chez toi samedi soir, tu t'étais bien amusé(e).	Tu avais acheté un nouveau pull.
Tu avais pris un pot avec eux.	Tu avais pris un pot avec eux.
Tu étais parti(e) de chez toi à dix heures du matin.	Tu étais parti(e) de chez toi à dix heures du matin.
Tu avais retrouvé tes amis au café.	Tu avais retrouvé tes amis au café.
Tu avais acheté un nouveau pull.	Avant de rentrer chez toi samedi soir, tu t'étais bien amusé(e).

18.

Tu avais acheté un nouveau pull.	Avant de rentrer chez toi samedi soir, tu t'étais bien amusé(e).
Tu avais pris un pot avec eux.	Tu avais acheté un nouveau pull.
Tu étais parti(e) de chez toi à dix heures du matin.	Tu étais parti(e) de chez toi à dix heures du matin.
Avant de rentrer chez toi samedi soir, tu t'étais bien amusé(e).	Tu avais pris un pot avec eux.
Tu avais fait la connaissance d'un étudiant français.	Tu avais fait la connaissance d'un étudiant français.

19.

Avant de rentrer chez toi samedi soir, tu t'étais bien amusé(e).	Tu avais visité le musée d'art moderne.
Tu avais acheté un nouveau pull.	Avant de rentrer chez toi samedi soir, tu t'étais bien amusé(e).
Tu étais parti(e) de chez toi à dix heures du matin.	Tu avais acheté un nouveau pull.
Tu avais visité le musée d'art moderne.	Tu étais parti(e) de chez toi à dix heures du matin.
Tu avais fait la connaissance d'un étudiant français.	Tu avais fait la connaissance d'un étudiant français.

20.

Tu avais visité le musée d'art moderne.	Tu avais fait la connaissance d'un étudiant français.
Avant de rentrer chez toi samedi soir, tu t'étais bien amusé(e).	Avant de rentrer chez toi samedi soir, tu t'étais bien amusé(e).
Tu avais acheté un nouveau pull.	Tu avais acheté un nouveau pull.
Tu avais fait la connaissance d'un étudiant français.	Tu avais dîné au restaurant.
Tu avais dîné au restaurant.	Tu avais visité le musée d'art moderne.

Nom _____

Classe _____ Date _____

Discovering
FRENCH
Nouveau!

R O U G E

Les relations

Unité 9, Version A

**You and your partner have different halves of the same
puzzle. Without looking at your partner's puzzle, help each
other fill in the blanks by giving clues you make up. Don't use
the actual word and speak only in French!**

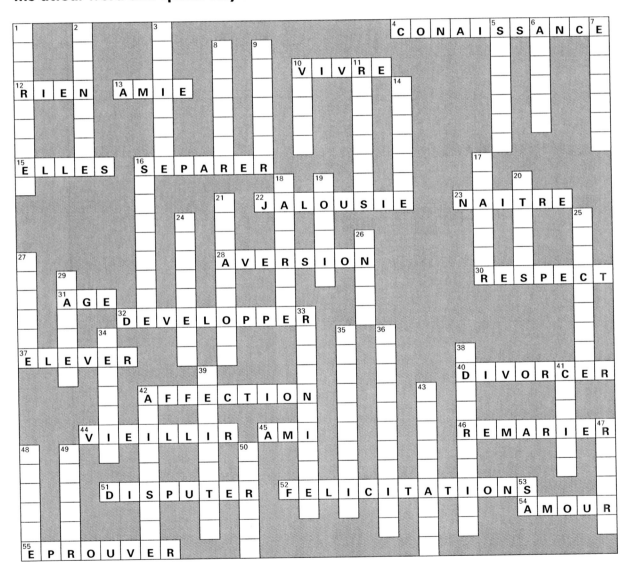

Nom

Classe _____ Date _____

Discovering
FRENCH
Nouveau!

R O U G E

Les relations

Unité 9, Version B

You and your partner have different halves of the same
puzzle. Without looking at your partner's puzzle, help each
other fill in the blanks by giving clues you make up. Don't use
the actual word and speak only in French!

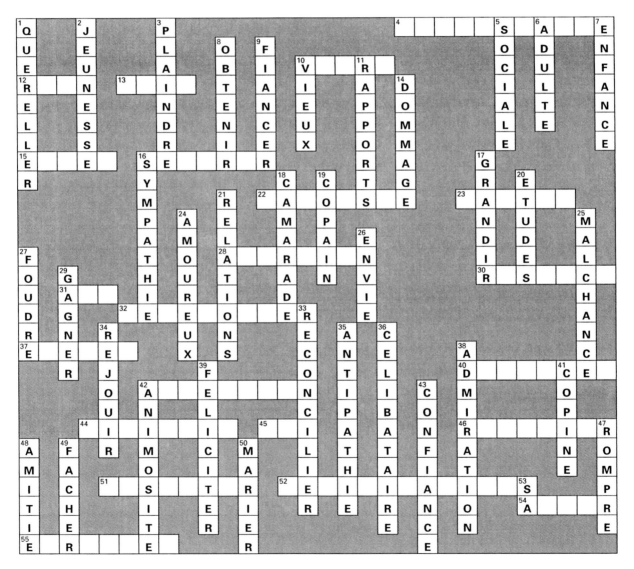

Nom

Classe   Date

Discovering
FRENCH
Nouveau!

R O U G E

Les relations

Unité 9, Version C

Hand out equal numbers of Puzzle A and Puzzle B to students and have them pair up, A's with B's. They will take turns giving each other clues they make up without using the actual word, and speaking only French. Your page, Version C, has the completed puzzle.

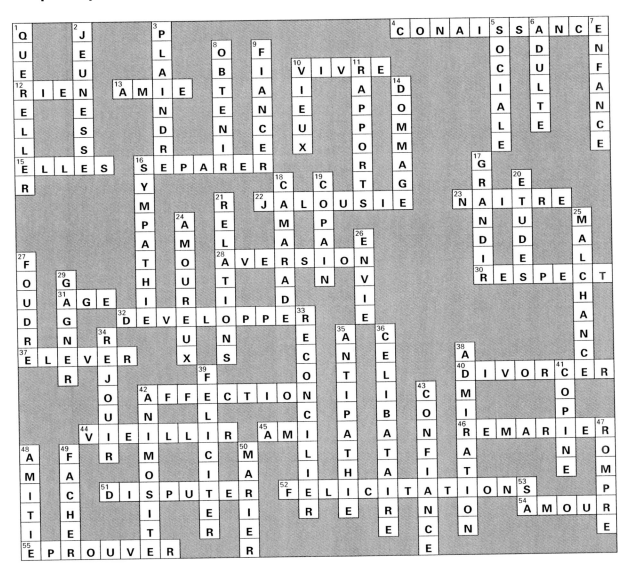

Nom _____

Classe _____ Date _____

Discovering
FRENCH
Nouveau!
R O U G E

Trouver Celui Qui...

Your teacher will give you a secret number that corresponds to a box on this page. You want to find out who has the other boxes by asking a student near you, "Est-ce que tu... (cherches une glace? adores le parfum?" etc.). Write in the name of the student who has the first box, then go on to another student until you have filled in all the boxes.

1 vous tombez amoureux/amoureuse de quelqu'un	2 vous avez de bons rapports avec votre famille	3 vous avez le coup de foudre pour quelqu'un	4 vous aimez quelqu'un
5 vous vous entendez bien avec votre mère	6 vous rompez avec votre petit(e) ami(e)	7 vous n'êtes pas toujours d'accord avec votre famille	8 vous avez de mauvais rapports avec votre cousin
9 vous vous entendez mal avec votre père	10 vous vous disputez avec votre soeur	11 vous félicitez votre camarade	12 vous vous fâchez avec votre frère
13 vous vous réconciliez avec votre copain	14 vous avez une dispute avec votre camarade	15 vous vous querellez souvent	16 vous allez vous fiancer dans dix ans

Nom _____

Classe _____ Date _____

Discovering
FRENCH
Nouveau!

R O U G E

Trouver Celui Qui... *(continued)*

17	18	19	20
vous allez vous marier à 26 ans	vous n'allez pas divorcer	vous allez vous séparer après six mois	vous plaignez un camarade
_____	_____	_____	_____
21	**22**	**23**	**24**
vous allez rester célibataire	vous aller élever une famille de cinq enfants	vous n'allez pas vous remarier	vous vous faites facilement des copains
_____	_____	_____	_____
25	**26**	**27**	**28**
vous tombez trop facilement amoureux	vous décidez de vivre ensemble	vous faites facilement connaissance	vous êtes né(e) le même jour que votre meilleur ami
_____	_____	_____	_____
29	**30**	**31**	**32**
vous avez confiance en votre copine	d'habitude vous êtes d'accord avec votre ami	vous comprenez bien vos copains	vous avez une grande amitié pour votre amie
_____	_____	_____	_____
33	**34**	**35**	
vous éprouvez de la jalousie de temps en temps	vous n'avez pas d'animosité pour vos camarades	vous vous réjouissez pour votre copain	
_____	_____	_____	

Et Maintenant...

Après avoir trouvé ceux qui ont ces sentiments, continuez à expliquez la situation. Utilisez les pronoms relatifs: **QUI, QUE, DONT, CE QUI, CE QUE, CE DONT, LEQUEL.**

1. Monique tombe amoureuse de quelqu'un dont elle vient de faire la connaissance. _____

2. _____

3. _____

4. _____

5. _____

6. _____

7. _____

8. _____

9. _____

10. _____

11. _____

12. _____

13. _____

14. _____

15. _____

16. _____

17. _____

Discovering
FRENCH
Nouveau!

R O U G E

Et Maintenant... *(continued)*

18. _____

19. _____

20. _____

21. _____

22. _____

23. _____

24. _____

25. _____

26. _____

27. _____

28. _____

29. _____

30. _____

31. _____

32. _____

33. _____

34. _____

35. _____

Nom _____

Classe _____ Date _____

Discovering
FRENCH
Nouveau!

R O U G E

Jumeaux/Jumelles

Faites le tour de la pièce en demandant (en français!) qui a les mêmes phrases que vous.

1.

Tu resteras célibataire.	Tu te fais facilement des amis.
Tu te fais facilement des amis.	Tu choisiras une profession fascinante.
Tu feras des études universitaires.	Tu resteras célibataire.
Tu choisiras une profession fascinante.	Tu obtiendras beaucoup de promotions.
Tu obtiendras beaucoup de promotions.	Tu feras des études universitaires.

2.

Tu resteras célibataire.	Tu feras des études universitaires.
Tu te fais facilement des amis.	Tu obtiendras beaucoup de promotions.
Tu feras des études universitaires.	Tu resteras célibataire.
Tu choisiras un métier intéressant.	Tu choisiras un métier intéressant.
Tu obtiendras beaucoup de promotions.	Tu te fais facilement des amis.

3.

Tu resteras célibataire.	Tu te fais facilement des amis.
Tu te fais facilement des amis.	Tu gagneras bien ta vie.
Tu feras des études universitaires.	Tu resteras célibataire.
Tu choisiras une profession fascinante.	Tu choisiras une profession fascinante.
Tu gagneras bien ta vie.	Tu feras des études universitaires.

4.

Tu resteras célibataire.	Tu feras des études universitaires.
Tu te fais facilement des amis.	Tu prendras ta retraite en France.
Tu feras des études universitaires.	Tu te fais facilement des amis.
Tu choisiras une profession fascinante.	Tu resteras célibataire.
Tu prendras ta retraite en France.	Tu choisiras une profession fascinante.

5.

Tu resteras célibataire.	Tu t'occuperas de beaucoup de choses à la fois.
Tu t'occuperas de beaucoup de choses à la fois.	Tu choisiras une profession fascinante.
Tu feras des études universitaires.	Tu resteras célibataire.
Tu choisiras une profession fascinante.	Tu obtiendras beaucoup de promotions.
Tu obtiendras beaucoup de promotions.	Tu feras des études universitaires.

Nom _____

Classe _____ Date _____ _____

Discovering
FRENCH
Nouveau!

R O U G E

Jumeaux/Jumelles (continued)

6.

Tu resteras célibataire. Tu te fais facilement des amis. Tu feras des études universitaires. Tu trouveras un métier intéressant. Tu obtiendras beaucoup de promotions.	Tu te fais facilement des amis. Tu trouveras un métier intéressant. Tu obtiendras beaucoup de promotions. Tu resteras célibataire. Tu feras des études universitaires.

7.

Tu feras des études universitaires. Tu rencontreras quelqu'un d'intéressant à l'université. Tu tomberas amoureux de quelqu`un. Tu divorceras une fois dans ta vie. Tu élèveras bien ta famille tout(e) seul(e).	Tu rencontreras quelqu'un d'intéressant à l'université. Tu élèveras bien ta famille tout(e) seul(e). Tu tomberas amoureux de quelqu`un. Tu divorceras une fois dans ta vie. Tu feras des études universitaires.

8.

Tu feras des études universitaires. Tu rencontreras quelqu'un d'intéressant à l'université. Tu tomberas amoureux de quelqu`un. Tu ne divorceras jamais. Tu élèveras bien ta famille.	Tu rencontreras quelqu'un d'intéressant à l'université. Tu élèveras bien ta famille. Tu feras des études universitaires. Tu ne divorceras jamais. Tu tomberas amoureux de quelqu`un.

9.

Tu feras des études universitaires. Tu rencontreras quelqu'un d'intéressant à l'université. Tu choisiras une profession fascinante. Tu divorceras une fois dans ta vie. Tu élèveras bien ta famille tout(e) seul(e).	Tu divorceras une fois dans la vie. Tu élèveras bien ta famille tout(e) seul(e). Tu choisiras une profession fascinante. Tu rencontreras quelqu'un d'intéressant à l'université. Tu feras des études universitaires.

10.

Tu feras des études universitaires. Tu rencontreras quelqu'un d'intéressant à l'université. Tu tomberas amoureux de quelqu'un. Tu gagneras bien ta vie. Tu élèveras bien ta famille.	Tu feras des études universitaires. Tu gagneras bien ta vie. Tu rencontreras quelqu'un d'intéressant à l'université. Tu tomberas amoureux de quelqu'un. Tu élèveras bien ta famille.

Nom _____

Classe _____ Date _____

**Discovering
FRENCH**
Nouveau!

R O U G E

Jumeaux/Jumelles *(continued)*

11.

Tu feras des études universitaires. Tu rencontreras quelqu'un d'intéressant à l'université. Tu décideras de vivre ensemble. Tu rompras avec cette personne avant le mariage. Tu t'entendras mieux avec quelqu'un d'autre.	Tu rompras avec cette personne avant le mariage. Tu feras des études universitaires. Tu rencontreras quelqu'un d'intéressant à l'université. Tu décideras de vivre ensemble. Tu t'entendras mieux avec quelqu'un d'autre.

12.

Tu feras des études universitaires. Tu rencontreras quelqu'un d'intéressant à l'université. Tu tomberas amoureux de quelqu'un. Tu rompras avec cette personne avant le mariage. Tu resteras célibataire toute ta vie.	Tu rencontreras quelqu'un d'intéressant à l'université. Tu tomberas amoureux de quelqu'un. Tu rompras avec cette personne avant le mariage. Tu resteras célibataire toute ta vie. Tu feras des études universitaires.

13.

Tu auras toujours de bons rapports avec ta famille. Tu rencontreras quelqu'un d'intéressant à l'université. Tu tomberas amoureux de quelqu'un. Tu divorceras une fois dans la vie. Tu élèveras bien ta famille tout(e) seul(e).	Tu auras toujours de bons rapports avec ta famille. Tu tomberas amoureux de quelqu'un. Tu divorceras une fois dans la vie. Tu rencontreras quelqu'un d'intéressant à l'université. Tu élèveras bien ta famille tout(e) seul(e).

14.

Tu auras toujours de bons rapports avec ta famille. Tu blâmeras ta malchance mais tout s'arrangera. Tu te fianceras à 25 ans et tu te marieras à 26 ans. Ton premier enfant naîtra quand tu auras 27 ans. Toi et ton époux/epouse, vous vous séparerez pendant 3 mois.	Toi et ton époux/epouse, vous vous séparerez pendant 3 mois. Ton premier enfant naîtra quand tu auras 27 ans. Tu blâmeras ta malchance mais tout s'arrangera. Tu auras toujours de bons rapports avec ta famille. Tu te fianceras à 25 ans et tu te marieras à 26 ans.

15.

Tu auras toujours de bons rapports avec ta famille. Tu te réjouiras pour ceux qui s'entendent bien. Tu te fianceras à 25 ans et tu te marieras à 26 ans. Ton premier enfant naîtra quand tu auras 27 ans. Toi et ton époux/epouse, vous vous séparerez pendant 3 mois.	Tu te fianceras à 25 ans et tu te marieras à 26 ans. Tu te réjouiras pour ceux qui s'entendent bien. Toi et ton époux/epouse, vous vous séparerez pendant 3 mois. Tu auras toujours de bons rapports avec ta famille. Ton premier enfant naîtra quand tu auras 27 ans.

Copyright © by McDougal Littell, a division of Houghton Mifflin Company

Nom _____

Classe _____ Date _____

Discovering
FRENCH
Nouveau!

R O U G E

Jumeaux/Jumelles (continued)

16.

Tu auras toujours de bons rapports avec ta famille.
Tu blâmeras ta malchance mais tout s'arrangera.
Tu te fianceras à 25 ans et tu te marieras à 26 ans.
Ton premier enfant naîtra quand tu auras 29 ans.
Toi et ton époux/epouse, vous vous séparerez
    pendant 3 mois.
	Tu blâmeras ta malchance mais tout s'arrangera.
	Toi et ton époux/epouse, vous vous séparerez
	    pendant 3 mois
	Ton premier enfant naîtra quand tu auras 29 ans.
	Tu auras toujours de bons rapports avec ta famille.
	Tu te fianceras à 25 ans et tu te marieras à 26 ans.

17.

Tu auras toujours de bons rapports avec ta famille. Tu blâmeras ta malchance mais tout s'arrangera. Tu te fianceras à 25 ans et tu te marieras à 26 ans. Ton premier enfant naîtra quand tu auras 27 ans. Tu élèveras bien ta famille.	Tu blâmeras ta malchance mais tout s'arrangera. Tu élèveras bien ta famille. Tu te fianceras à 25 ans et tu te marieras à 26 ans. Tu auras toujours de bons rapports avec ta famille. Ton premier enfant naîtra quand tu auras 27 ans.

18.

Tu auras toujours de bons rapports avec ta famille.
Tu blâmeras ta malchance mais tout s'arrangera.
Tu tomberas amoureux à 24 ans.
Ton premier enfant naîtra quand tu auras 27 ans.
Toi et ton époux/epouse, vous vous séparerez
    pendant 3 mois.
	Tu blâmeras ta malchance mais tout s'arrangera.
	Toi et ton époux/epouse, vous vous séparerez
	    pendant 3 mois.
	Ton premier enfant naîtra quand tu auras 27 ans.
	Tu auras toujours de bons rapports avec ta famille.
	Tu tomberas amoureux à 24 ans.

19.

Tu auras toujours de bons rapports avec ta famille.
Tu choisiras une profession fascinante.
Tu te fianceras à 25 ans et tu te marieras à 26 ans.
Ton premier enfant naîtra quand tu auras 27 ans.
Toi et ton époux/epouse, vous vous séparerez
    pendant 3 mois.
	Tu choisiras une profession fascinante.
	Toi et ton époux/epouse, vous vous séparerez
	    pendant 3 mois.
	Ton premier enfant naîtra quand tu auras 27 ans.
	Tu auras toujours de bons rapports avec ta famille.
	Tu te fianceras à 25 ans et tu te marieras à 26 ans.

20.

Tu auras toujours de bons rapports avec ta famille.
Tu t'occuperas de beaucoup de choses à la fois.
Tu te fianceras à 25 ans et tu te marieras à 26 ans.
Ton premier enfant naîtra quand tu auras 27 ans.
Toi et ton époux/epouse, vous vous séparerez
    pendant 3 mois.
	Tu t'occuperas de beaucoup de choses à la fois.
	Ton premier enfant naîtra quand tu auras 27 ans.
	Tu auras toujours de bons rapports avec ta famille.
	Toi et ton époux/epouse, vous vous séparerez
	    pendant 3 mois.
	Tu te fianceras à 25 ans et tu te marieras à 26 ans.

Nom _____

Classe _____ Date _____

Discovering
FRENCH
Nouveau!

R O U G E

Études ou travail?

Unité 10, Partie 1, Version A

You and your partner have different halves of the same puzzle. Without looking at your partner's puzzle, help each other fill in the blanks by giving clues you make up. Don't use the actual word and speak only in French!

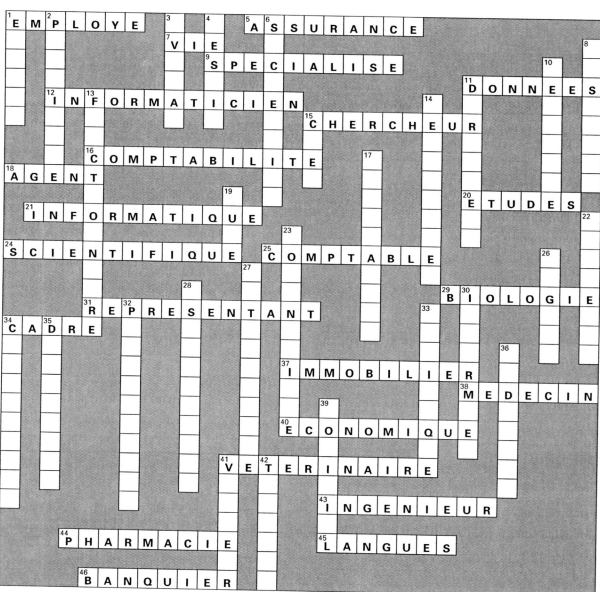

Études ou travail?

Unité 10, Partie 1, Version B

You and your partner have different halves of the same puzzle. Without looking at your partner's puzzle, help each other fill in the blanks by giving clues you make up. Don't use the actual word and speak only in French!

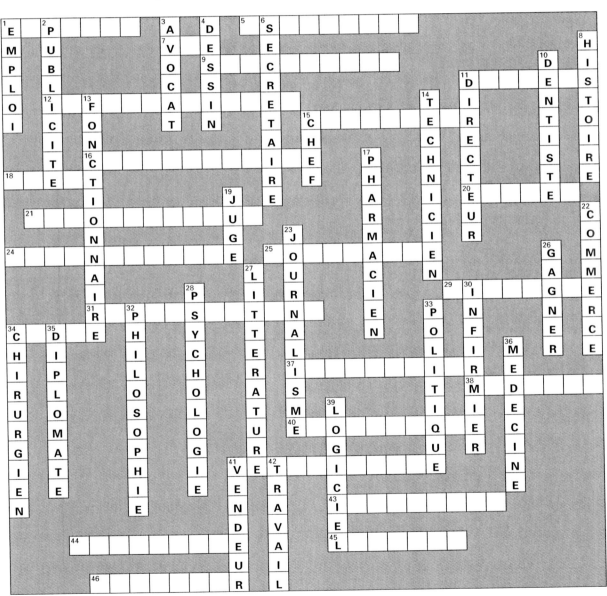

Nom _____

Classe _____ Date _____

Discovering
FRENCH
Nouveau!
R O U G E

Études ou travail?

Unité 10, Partie 1, Version C

Hand out equal numbers of Puzzle A and Puzzle B to students and have them pair up, A's with B's. They will take turns giving each other clues they make up without using the actual word, and speaking only French. Your page, Version C, has the completed puzzle.

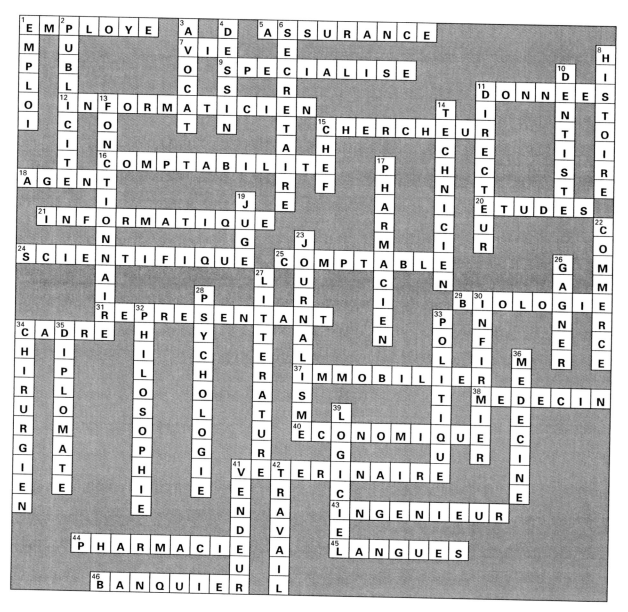

Nom _____

Classe _____ Date _____

Discovering
FRENCH
Nouveau!

R O U G E

Un emploi

Unité 10, Partie 2, Version A

You and your partner have different halves of the same
puzzle. Without looking at your partner's puzzle, help each
other fill in the blanks by giving clues you make up. Don't use
the actual word and speak only in French!

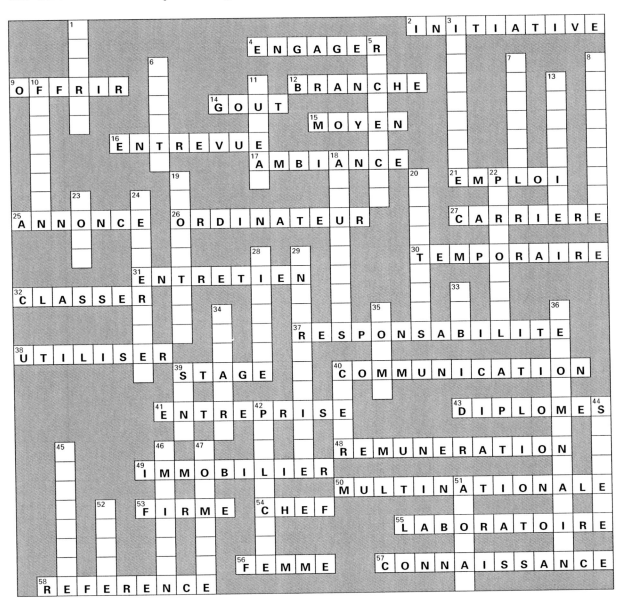

Nom _____

Classe _____ Date _____

Discovering
FRENCH
Nouveau!
R O U G E

Un emploi

Unité 10, Partie 2, Version B

You and your partner have different halves of the same puzzle. Without looking at your partner's puzzle, help each other fill in the blanks by giving clues you make up. Don't use the actual word and speak only in French!

Un emploi

Unité 10, Partie 2, Version C

**Hand out equal numbers of Puzzle A and Puzzle B to students
and have them pair up, A's with B's. They will take turns giving
each other clues they make up without using the actual word,
and speaking only French. Your page, Version C, has the
completed puzzle.**

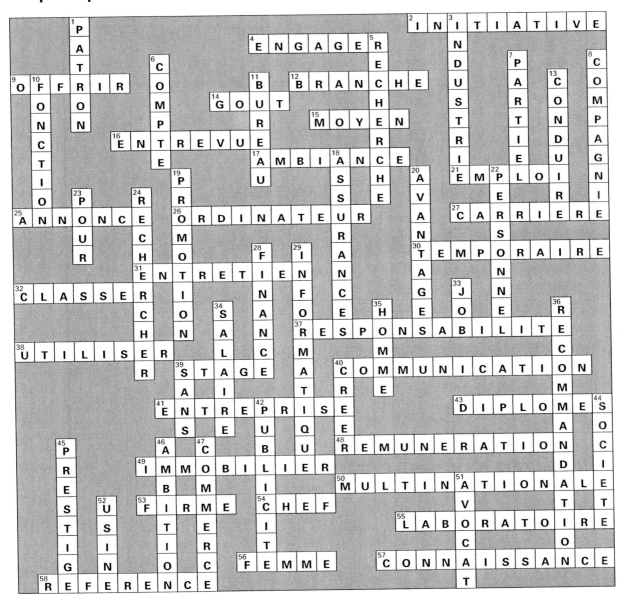

Nom _____

Classe _____ Date _____

Discovering
FRENCH
Nouveau!

R O U G E

Trouver Celui Qui...

Your teacher will give you a secret number that corresponds to a box on this page. You want to find out who has the other boxes by asking a student near you, "Est-ce que tu... (cherches une glace? adores le parfum?" etc.). Write in the name of the student who has the first box, then go on to another student until you have filled in all the boxes.

1	2	3	4
tu voudrais être médecin	tu te spécialises en études vétérinaires	tu fais des études de pharmacie	tu deviendras infirmier/infirmière
_____	_____	_____	_____
5	**6**	**7**	**8**
tu rêves d'être diplomate	tu aimerais devenir juge	tu ne deviendras jamais agent d'assurances	tu étudieras la publicité
_____	_____	_____	_____
9	**10**	**11**	**12**
tu comptes devenir ingénieur	tu voudrais être chercheur	tu étudieras les langues étrangères	tu feras des études de comptabilité
_____	_____	_____	_____
13	**14**	**15**	**16**
tu te spécialises en informatique	tu voudrais devenir avocat	tu seras spécialiste de logiciel	tu gagneras ta vie en faisant de la gestion
_____	_____	_____	_____

Nom _____

Classe _____ Date _____

Discovering
FRENCH
Nouveau!

R O U G E

Trouver Celui Qui... *(continued)*

17	18	19	20
tu te spécialises en droit	tu aimerais être banquier	tu rêves d'être chirurgien	tu comptes devenir femme/homme d'affaires
_____	_____	_____	_____
21	**22**	**23**	**24**
tu feras des études d'ingénieur	tu seras cadre dans une société anonyme	tu chercheras un emploi dans le domaine de la musique	tu continueras tes études de chimie
_____	_____	_____	_____
25	**26**	**27**	**28**
tu gagneras ta vie avec tà propre entreprise	tu feras carrière dans la recherche scientifique	tu aimerais travailler dans le commerce	tu rêves de travailler pour une société multinationale
_____	_____	_____	_____
29	**30**	**31**	**32**
tu créeras ta propre entreprise	tu ne travailleras jamais dans une usine	tu adorerais travailler dans l'immobilier	tu t'intéresses à la psychologie
_____	_____	_____	_____
33	**34**	**35**	
tu aimerais étudier les sciences humaines	tu comptes devenir assistant(e) social(e)	tu ne seras jamais fonctionnaire	
_____	_____	_____	

Discovering
FRENCH *Nouveau!*

R O U G E

Et Maintenant...

Après avoir trouvé ceux qui voudrait faire ces choses, écrivez leur nom and expliquez comment ils vont les faire. Utilisez le PARTICIPE PRÉSENT ou une conjonction (à condition que, à moins que, sans que, avant que, jusqu'à ce que) et le SUBJONCTIF.

1. Hélène voudrait être médecin à condition que ses notes soient assez bonnes. _____

2. Jean Claude se spécialise en études vétérinaires en travaillant au laboratoire. _____

3. _____

4. _____

5. _____

6. _____

7. _____

8. _____

9. _____

10. _____

11. _____

12. _____

13. _____

14. _____

15. _____

16. _____

17. _____

Nom _____

Classe _____ Date _____

Discovering
FRENCH
Nouveau!

R O U G E

Et Maintenant... *(continued)*

18. _____

19. _____

20. _____

21. _____

22. _____

23. _____

24. _____

25. _____

26. _____

27. _____

28. _____

29. _____

30. _____

31. _____

32. _____

33. _____

34. _____

35. _____

Jumeaux/Jumelles

Vous êtes à la recherche d'un emploi. Cherchez aussi votre jumeau/jumelle. Faites le tour de la pièce en demandant (en français!) qui a les mêmes phrases que vous.

1.

Tu recherches un job temporaire pour l'été. Tu voudrais travailler à plein temps. Tu pourrais te servir d'un ordinateur. Tu as des connaissances techniques. Tu aimerais travailler pour une compagnie moyenne.	Tu recherches un job temporaire pour l'été. Tu pourrais te servir d'un ordinateur. Tu aimerais travailler pour une compagnie moyenne. Tu voudrais travailler à plein temps. Tu as des connaissances techniques.

2.

Tu recherches un job temporaire pour l'été. Tu voudrais travailler à plein temps. Tu pourrais te servir d'un ordinateur. Tu as des connaissances techniques. Tu aimerais travailler pour une compagnie internationale.	Tu recherches un job temporaire pour l'été. Tu as des connaissances techniques. Tu voudrais travailler à plein temps. Tu aimerais travailler pour une compagnie internationale. Tu pourrais te servir d'un ordinateur.

3.

Tu recherches un job temporaire pour l'été. Tu voudrais travailler à plein temps. Tu pourrais te servir d'un ordinateur. Tu as des connaissances techniques. Tu aimerais travailler pour une société anonyme.	Tu recherches un job temporaire pour l'été. Tu pourrais te servir d'un ordinateur. Tu as des connaissances techniques. Tu voudrais travailler à plein temps. Tu aimerais travailler pour une société anonyme.

4.

Tu recherches un emploi temporaire. Tu voudrais travailler à plein temps. Tu pourrais classer des documents. Tu es fier/fière d'avoir des connaissances techniques. Tu aimerais travailler pour une compagnie moyenne.	Tu voudrais travailler à plein temps. Tu aimerais travailler pour une compagnie moyenne. Tu es fier/fière d'avoir des connaissances techniques. Tu recherches un emploi temporaire. Tu pourrais classer des documents.

5.

Tu recherches un emploi temporaire. Tu voudrais travailler à plein temps. Tu pourrais te servir d'un ordinateur. Tu as le goût des responsabilités. Tu aimerais travailler pour une compagnie moyenne.	Tu voudrais travailler à plein temps. Tu aimerais travailler pour une compagnie moyenne. Tu as le goût des responsabilités. Tu pourrais te servir d'un ordinateur. Tu recherches un emploi temporaire.

Nom _____

Classe _____ Date _____

Discovering
FRENCH
Nouveau!

R O U G E

Jumeaux/Jumelles (continued)

6.

Tu recherches un emploi temporaire. Tu voudrais travailler à plein temps. Tu pourrais te servir d'un ordinateur. Tu as l'esprit d'initiative. Tu aimerais travailler pour une compagnie moyenne.	Tu voudrais travailler à plein temps. Tu as l'esprit d'initiative. Tu recherches un emploi temporaire. Tu aimerais travailler pour une compagnie moyenne. Tu pourrais te servir d'un ordinateur.

7.

Tu réponds à l'annonce que tu as vue dans le journal. Tu enverras ton curriculum vitae à cette société. Tu solliciteras un entretien. Tu recherches un stage pour connaître la profession. Tu pourrais te servir d'un ordinateur.	Tu solliciteras un entretien. Tu pourrais te servir d'un ordinateur. Tu enverras ton curriculum vitae à cette société. Tu recherches un stage pour connaître la profession. Tu réponds à l'annonce que tu as vue dans le journal.

8.

Tu réponds à l'annonce que tu as vue dans le journal. Tu enverras ton curriculum vitae à cette société. Tu as le goût des responsabilités. Tu recherches un stage pour connaître la profession. Tu pourrais te servir d'un ordinateur.	Tu as le goût des responsabilités. Tu recherches un stage pour connaître la profession. Tu enverras ton curriculum vitae à cette société. Tu pourrais te servir d'un ordinateur. Tu réponds à l'annonce que tu as vue dans le journal.

9.

Tu réponds à l'annonce que tu as vue dans le journal. Tu enverras ton curriculum vitae à cette société. Tu es fier/fière d'avoir une bonne formation générale. Tu recherches un stage pour connaître la profession. Tu pourrais te servir d'un ordinateur.	Tu recherches un stage pour connaître la profession. Tu pourrais te servir d'un ordinateur. Tu réponds à l'annonce que tu as vue dans le journal. Tu es fier/fière d'avoir une bonne formation générale. Tu enverras ton curriculum vitae à cette société.

10.

Tu réponds à l'annonce que tu as vue dans le journal. Tu enverras ton curriculum vitae à cette société. Tu es fier/fière d'avoir des connaissances techniques. Tu recherches un stage pour connaître la profession. Tu pourrais te servir d'un ordinateur.	Tu enverras ton curriculum vitae à cette société. Tu es fier/fière d'avoir des connaissances techniques. Tu pourrais te servir d'un ordinateur. Tu réponds à l'annonce que tu as vue dans le journal. Tu recherches un stage pour connaître la profession.

Nom _____

Classe _____ Date _____

Discovering
FRENCH
Nouveau!

R O U G E

Jumeaux/Jumelles (continued)

11.

Tu réponds à l'annonce que tu as vue dans le journal.	Tu téléphoneras au chef du personnel.
Tu enverras ton curriculum vitae à cette société.	Tu pourrais te servir d'un ordinateur.
Tu téléphoneras au chef du personnel.	Tu recherches un stage pour connaître la profession.
Tu recherches un stage pour connaître la profession.	Tu enverras ton curriculum vitae à cette société.
Tu pourrais te servir d'un ordinateur.	Tu réponds à l'annonce que tu as vue dans le journal.

12.

Tu réponds à l'annonce que tu as vue dans le journal.	Tu recherches un stage pour connaître la profession.
Tu enverras ton curriculum vitae à cette société.	Tu réponds à l'annonce que tu as vue dans le journal.
Tu accepteras un emploi à temps partiel.	Tu pourrais te servir d'un ordinateur.
Tu recherches un stage pour connaître la profession.	Tu enverras ton curriculum vitae à cette société.
Tu pourrais te servir d'un ordinateur.	Tu accepteras un emploi à temps partiel.

13.

Tu réponds à l'annonce que tu as vue dans le journal.	Tu recherches un stage pour connaître la profession.
Tu enverras ton curriculum vitae à cette société.	Tu réponds à l'annonce que tu as vue dans le journal.
Tu solliciteras un entretien.	Tu pourrais te servir d'une auto car tu sais conduire.
Tu recherches un stage pour connaître la profession.	Tu solliciteras un entretien.
Tu pourrais te servir d'une auto car tu sais conduire.	Tu enverras ton curriculum vitae à cette société.

14.

Tu es à la recherche d'un emploi.	Tu es fier/fière d'avoir le sens des contacts humains.
Tu envoies de bonnes lettres de recommandation.	Tu es à la recherche d'un emploi.
Tu es sûr(e) que tu fais l'affaire.	Tu envoies de bonnes lettres de recommandation.
Tu crois que l'entreprise t'offrira l'emploi.	Tu es sûr(e) que tu fais l'affaire.
Tu es fier/fière d'avoir le sens des contacts humains.	Tu crois que l'entreprise t'offrira l'emploi.

15.

Tu es à la recherche d'un emploi.	Tu es fier/fière d'avoir le sens des contacts humains.
Tu envoies de bonnes références.	Tu es à la recherche d'un emploi.
Tu es sûr(e) que tu fais l'affaire.	Tu crois que l'entreprise t'offrira l'emploi.
Tu crois que l'entreprise t'offrira l'emploi.	Tu es sûr(e) que tu fais l'affaire.
Tu es fier/fière d'avoir le sens des contacts humains.	Tu envoies de bonnes références.

Nom _____

Classe _____ Date _____

Discovering
FRENCH
Nouveau!

ROUGE

Jumeaux/Jumelles (continued)

16.

Tu es à la recherche d'un emploi. Tu envoies de bonnes lettres de recommandation. Mais tu n'as pas d'expérience tu fais l'affaire. Tu crois que l'entreprise t'offrira l'emploi. Tu es fier/fière d'avoir le sens des contacts humains.	Tu es fier/fière d'avoir le sens des contacts humains. Tu es à la recherche d'un emploi. Mais tu n'as pas d'expérience tu fais l'affaire. Tu envoies de bonnes lettres de recommandation. Tu crois que l'entreprise t'offrira l'emploi.

17.

Tu es à la recherche d'un emploi. Tu envoies de bonnes lettres de recommandation. Tu es sûr(e) que tu fais l'affaire. Tu crois que l'entreprise t'offrira l'emploi. Tu es fier/fière d'avoir des connaissances techniques.	Tu es fier/fière d'avoir des connaissances techniques. Tu es à la recherche d'un emploi. Tu crois que l'entreprise t'offrira l'emploi. Tu envoies de bonnes lettres de recommandation. Tu es sûr(e) que tu fais l'affaire.

18.

Tu es à la recherche d'un emploi. Tu envoies de bonnes lettres de recommandation. Tu es sûr(e) que tu fais l'affaire. Tu crois que l'entreprise t'offrira l'emploi. Tu es fier/fière d'avoir une bonne formation générale.	Tu es fier/fière d'avoir une bonne formation générale. Tu es à la recherche d'un emploi. Tu crois que l'entreprise t'offrira l'emploi. Tu es sûr(e) que tu fais l'affaire. Tu envoies de bonnes lettres de recommandation.

19.

Tu lis les annonces et tu sollicites des entrevues. Tu envoies de bonnes lettres de recommandation. Tu es sûr(e) que tu fais l'affaire. Tu crois que l'entreprise t'offrira l'emploi. Tu es fier/fière d'avoir le sens des contacts humains.	Tu es fier/fière d'avoir le sens des contacts humains. Tu lis les annonces et tu sollicites des entrevues. Tu crois que l'entreprise t'offrira l'emploi. Tu es sûr(e) que tu fais l'affaire. Tu envoies de bonnes lettres de recommandation.

20.

Tu es à la recherche d'un emploi. Tu as pris rendez-vous avec le chef du personnel. Tu es sûr(e) que tu fais l'affaire. Tu crois que l'entreprise t'offrira l'emploi. Tu es fier/fière d'avoir le sens des contacts humains.	Tu es fier/fière d'avoir le sens des contacts humains. Tu es à la recherche d'un emploi. Tu crois que l'entreprise t'offrira l'emploi. Tu es sûr(e) que tu fais l'affaire. Tu as pris rendez-vous avec le chef du personnel.

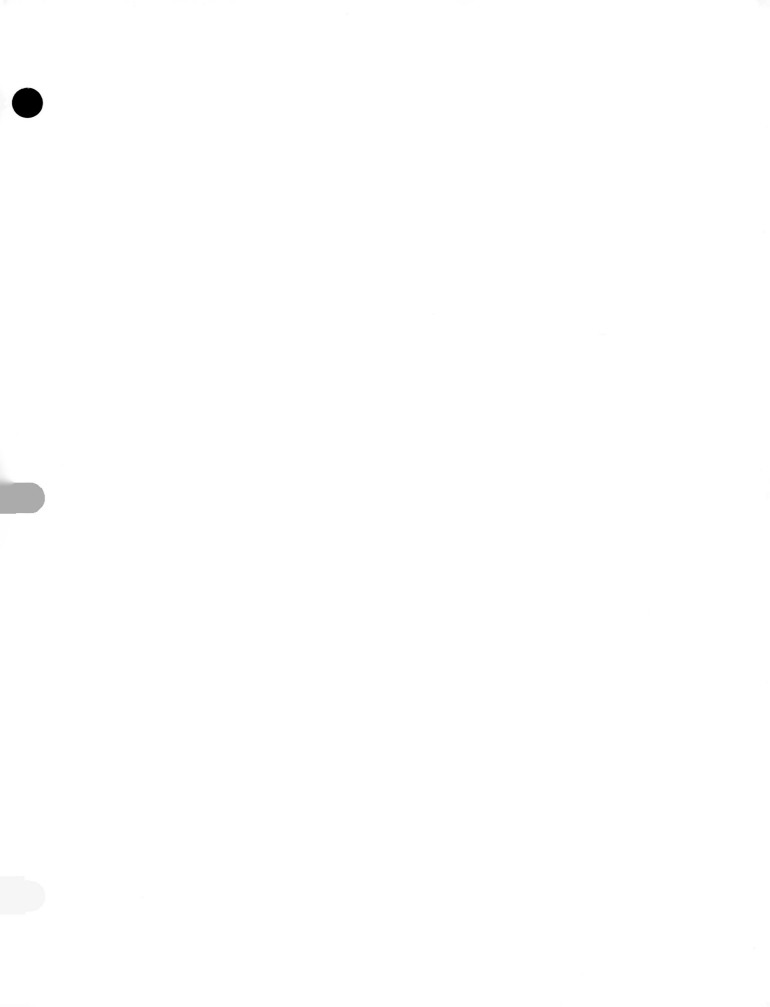